Jeff und Molly

Geschichten zum Mutmachen

von Ursel Scheffler
mit farbigen Bildern von Barbara Moßmann

Herder Freiburg · Basel · Wien

Inhalt

Jeff findet Molly

Jeff schnüffelte am Rathauseck. Die Nachrichten, die andere Hunde dort hinterlassen hatten, lasen sich wie eine Tageszeitung. Ali Baba war also hier gewesen. Er behauptete, das sei jetzt sein Revier! Dieser hergelaufene Riesenschnauzer machte sich in letzter Zeit wichtig in der Stadt.

Jeff spitzte die Ohren. Er hörte Hundegebell. Das klang nach Rauferei! Da hinten beim Jahrmarkt vermutlich. Jeff beschloß, hinzulaufen. Als er an der Marktstraße um die Ecke bog, sah er die raufende Hundebande. Direkt neben dem Bratwurststand. Und es ging tatsächlich um die Wurst! Dort lag sie im Sand. Nun, wenn sich fünf streiten, freut sich der sechste! dachte Jeff.

Er näherte sich vorsichtig der Gruppe, schnappte sich die Wurst und verschlang sie.

„Dacht ich mir's doch, daß wieder einmal Ali Baba mit seiner Bande dahintersteckt", knurrte Jeff und leckte sich den Bart.

„Hilfe! Hilfe!" jammerte jemand mitten im Knäuel der Raufbolde. „Au! Mein Ohr! Hört auf! Laßt los! Ihr seid gemein!"

Jetzt erst bemerkte Jeff den kleinen zerzausten Hund, der unter

4

den anderen auf dem Boden lag. Sie zerrten und zogen an ihm und rollten ihn im Staub. Ali Baba packte den Kleinen am Nacken. Otto, der Starke, zwickte ihn ins Ohr. Fifine, das Pudelmädchen, kniff ihn in den Po und Nobody, der Kläffer, zerrte an seinem Schwanz. Bobo, der Mischling, knurrte ihn an.

„Schämt ihr euch nicht? Alle auf einen?" rief Jeff. „Auf einen Kleinen?"

Aber keiner beachtete ihn. Da griff Jeff zu einer List.

„He! So hört doch! Beim Bierzelt ist eine Wanne mit riesigen Schinken umgefallen! Wer zuerst dort ist, kriegt die besten!"

„Schinken?" knurrte Ali Baba und lockerte seinen Griff.

„Am Bierzelt?" vergewisserte sich Bobo.

„Schnell müßt ihr sein. Sonst ist alles weg!" rief Jeff.

„Nichts wie hin!" schnaubte Ali Baba und rannte los. Bobo und die anderen hinter ihm her. Alle, bis auf den Kleinen, der jetzt aussah wie ein schmutziger Wischmop. Sein Ohr blutete.

„Mann, dich haben sie ja übel zugerichtet!" seufzte Jeff.

„Mein Ohr!" jammerte der Kleine.

„Laß sehn!" sagte Jeff. „Hm! Eingerissen. Das müssen wir verbinden. Aber nicht hier! Los komm, wenn sie bemerken, daß ich sie angeschwindelt habe, zerreißen sie uns in der Luft!"

Der kleine Hund rappelte sich hoch und schüttelte sich. Eine Staubwolke umgab ihn. Einen Augenblick lang konnte er nichts sehen. Als er wieder freie Sicht hatte, rannte er so schnell er konnte hinter Jeff her, der jetzt zwischen Kettenkarussell und Schiffschaukel im Jahrmarktstrubel verschwand.

„Wie heißt du eigentlich?" fragte Jeff, als sie in Sicherheit waren und die Jahrmarktsmusik nur noch leise in der Ferne zu vernehmen war.

„Ich heiße Molly. Danke! Du hast mir das Leben gerettet", antwortete der kleine Hund. Er war noch völlig außer Puste.

„Na ja, ist doch Ehrensache", sagte Jeff großspurig. „Ich heiße übrigens Jeff."

„Chef?"

„Ne, Jeff", sagte Jeff und lachte. „Wessen Chef sollte ich sein? Ich bin doch ein armer alter Hund."

„Du bist der tollste und mutigste Hund, der mir jemals begegnet ist", sagte Molly voller Bewunderung. „Allein gegen so viele!"

„Nun übertreibst du", sagte Jeff geschmeichelt.

„Die Wurst war direkt neben mir in den Sand gefallen. Wie ein Geschenk aus heiterem Himmel. Ich hatte sie schon zwischen den Pfoten. Da fielen sie plötzlich alle über mich her und ... Den Rest weißt du ja", seufzte Molly.

6

„Gegen solche Räuberbanden kann man alleine wenig machen", antwortete Jeff.

„Aber du bist mit ihnen fertig geworden", sagte Molly.

„Nun ja, mit einer List", sagte Jeff. Es gefiel ihm sehr, daß der Kleine ihn bewunderte. „Wir sollten Ali Baba und seiner Bande einige Zeit aus dem Weg gehen. Und zwar schnell. Los, lauf mit! Ich habe ein tolles Versteck!"

Eine Weile rannten Jeff und Molly in der Mittagshitze nebeneinander her.

„Ich kann nicht mehr", japste Molly schließlich, als sie den Stadtrand erreicht hatten.

„Schon gut. Wir können verschnaufen. Ich denke, jetzt sind wir in Sicherheit", antwortete Jeff.

„Trotzdem: Ich habe Angst", gestand Molly.

„Angst wovor?" fragte Jeff.

„Angst, daß sie wiederkommen. Angst vor allen, die stärker sind als ich. Und überhaupt."

„Ich werde dich beschützen",
versicherte Jeff. „Wir laufen jetzt
ein Stück durch den Bach.
Dann riechen sie unsere Spur
nicht mehr!"
Molly war ziemlich wasserscheu.
Aber er ließ es sich nicht
anmerken und lief tapfer hinter
Jeff her, obwohl ihm das Wasser
bis zum Hals reichte, weil seine Beine so kurz waren.
Jeff war als erster auf der anderen Seite und schüttelte sich.
„Mhm, das tat gut! Bei der Hitze!" rief er vergnügt. „Ich denke,
es sieht nach mehr Wasser aus!"
„Meerwasser?" fragte Molly ängstlich.
„Ja, nach mehr Wasser! Dort hinten ziehen ganz dunkle Wolken
auf. Es wird ein Gewitter geben. Keine Angst. Es ist gar nicht
mehr weit bis zu meinem Versteck. Komm!"
Ein paar hundert Meter weiter mündete der Bach in einen Fluß.
In der Ferne hörte man Donnergrollen. Molly sah besorgt auf
die pechschwarzen Wolken hinter ihnen. Sie waren zum Platzen
voll mit Regenwasser. Die Mücken tanzten über dem Fluß. Die
Schwalben flogen ganz niedrige Loopings und jagten hinter
ihnen her.
„Da kommt bloß ein harmloses kleines Gewitterchen", sagte
Jeff leichthin. Ein Blitz zuckte über den Himmel. Ein kräftiger
Donnerschlag folgte. Und gleich noch einer.
„Ich fürchte mich so!" rief Molly und zitterte.
„Du mußt dich nicht fürchten!" sagte Jeff. „Ich paß auf dich auf!
Vielleicht verzieht sich das Gewitter ja auch wieder."
„Aber wenn der Blitz..."

„Gewitter sind meist rasch vorbei! Da hinten bei der alten Mühle scheint schon wieder die Sonne, und genau da wollen wir hin. Los, wir laufen um die Wette!" rief Jeff und lief los. Molly, dem die Angst Flügel verlieh, jagte hinter ihm her.

Das Versteck
in der alten Mühle

Natürlich gewann Jeff den Wettlauf, weil er die längeren Beine hatte. Er war als erster an der Mühlentür. Sie war verschlossen. Unter dem Stein neben der Regentonne lag der Schlüssel. Rasch steckte er ihn ins Schloß und sperrte auf. Als Molly ankam, riß Jeff die Tür auf und rief: „Herzlich willkommen in der Trödelmühle!"

„Bin ich froh, daß wir in Sicherheit sind" sagte Molly erleichtert. Das Gewitter hatte sich tatsächlich verzogen. Man hörte nur noch leises Donnergrollen in der Ferne.

„Ich werde rasch Feuer machen und uns einen Tee kochen, damit wir keinen Schnupfen kriegen!" sagte Jeff. „Und dann werden wir dein Ohr verbinden!"

Während Jeff geschickt mit Feuerhaken und Schaufel hantierte, sah sich Molly in der alten Mühle um. Es war ziemlich dunkel, und Molly konnte gar nicht genau erkennen, wie groß der Raum eigentlich war. Außerdem stand ziemlich viel Zeug herum. Die Trödelmühle trug ihren Spitznamen nicht ohne Grund.

In der Mitte war ein alter Kahn. Neben dem großen Mühlstein standen zwei Mehlkisten. Da hatte der Müller sicher früher das Mehl aufbewahrt. Säcke lagen daneben und allerlei Gerümpel. Nachdem sich Mollys Augen an die Dämmerung im Raum gewöhnt hatten, entdeckte er noch tausenderlei andere Gegenstände, die ihn neugierig machten.

10

Jeff zündete eine Stallaterne an. Dann verband er vorsichtig das verwundete Ohr.

„So, jetzt siehst du fast wie ein Pirat aus!" sagte Jeff zufrieden. „Bestimmt bist du hungrig. Wir sollten jetzt einen Happen essen!" Jeff lief weg und kam mit einem Brett und einem Tuch zurück. Er schob das Brett über den Kahn. Genau zwischen die beiden Sitzbänke. Dann legte er das Tuch darüber.

„Das – das ist ja ein richtiger Eßplatz!" rief Molly. Und er staunte noch mehr, als Jeff aus Keksen, etwas Käse, Haselnüssen und ein paar Salatblättern einen wunderbaren Imbiß zauberte. Die beiden setzten sich ins Boot und schmausten.

„Jetzt werden wir das Gästezimmer herrichten", sagte Jeff nach dem Essen. Er lief zu einer der beiden Mehlkisten und nahm den Deckel ab. Jetzt sah Molly, daß sie mit Mehlsäcken ausgepolstert war.

„Das ist meine Schlafkiste.
Und dort wird deine Schlafecke sein!
Hier, nimm das Bettzeug!"
Jeff gab Molly zwei Mehlsäcke und
leuchtete in die andere Ecke.
„Vielleicht ist der Rand der Kiste
ein bißchen zu hoch für dich.
Weißt du was, wir werden sie

einfach umkippen!" beschloß Jeff. „Dann hast du ein Schlaf-
haus." Gemeinsam kippten sie die Kiste so, daß Molly seitlich
hineinklettern konnte, und polsterten sie mit einer Mehlsack-
matratze und einer Mehlsackdecke.
„Vielen Dank! So ein bequemes Bett habe ich noch nie beses-
sen", sagte Molly .
„Nichts zu danken. Zu zweit ist es viel lustiger in der Mühle!"
antwortete Jeff vergnügt.
„Jetzt weiß ich, wofür du den Kahn, die Kisten und die Mehlsäcke brauchst", sagte Molly schließlich. „Aber wofür sind die
vielen anderen Sachen, die überall herumstehen?"
„Die sind alle für etwas gut, und manches habe ich einfach
behalten, weil es mich an ein Abenteuer in meinem Leben
erinnert."
„Du hast richtige Abenteuer erlebt?" erkundigte sich Molly
voller Bewunderung.
„Abenteuer über Abenteuer!" sagte Jeff mit wichtiger Stimme.
„Ich hab noch nie ein Abenteuer erlebt", bedauerte Molly.
„Na, wenn das kein Abenteuer war, was wir beide heute erlebt
haben, dann weiß ich nicht", meinte Jeff.
„Da hast du allerdings recht", antwortete Molly nachdenklich.
„Nun – natürlich hab ich viel mehr Abenteuer erlebt als du, weil

ich viel älter bin", fügte Jeff rasch hinzu, denn er wollte sich gern noch ein bißchen als Held bewundern lassen. Er schob die Stallaterne mit der flackernden Kerze in die Mitte des Bootstisches.

Plötzlich riß Molly entsetzt die Augen auf und wisperte: „Jeff, sieh doch! Da ist einer! Ein Geist, ein Gespenst! Dort neben dem Schrank!" Er kniff die Augen zu und deutete mit weit ausgestreckter Pfote in den hintersten Winkel der Mühle, der jetzt vom Schein der Laterne ein bißchen erhellt wurde.

Jeff drehte sich um und sagte belustigt: „Du Angsthase! Das ist doch bloß ein Mantel und ein Hut an einem Haken."

Vorsichtig machte Molly die Augen wieder auf. Jeff zog den Mantel und den Hut ins Licht.

„Na sowas, ich dachte wirklich…", entschuldigte sich Molly.

„Macht nichts. Weißt du was: Ich werd dir erzählen, wie der komische Mantel und der Hut dahingekommen sind!"

Und dann erzählte Jeff das Geheimnis von Hut und Mantel.

Das Geheimnis
von Hut und Mantel

Es war einmal ein Schäfer, der hieß Tobias. Er verstand viel von Tieren und war immer ein besonders guter Schäfer gewesen. Aber als man in dem Dorf in der Heide, in dem er lebte, keinen Schäfer mehr brauchte, mußte er sich nach einem anderen Beruf umsehen. Schweren Herzens packte er alles, was er besaß, auf einen Wagen und zog davon. Er sammelte und reparierte Sachen, die andere Leute nicht mehr brauchen konnten. Und weil er geschickt dabei war, konnte er sich mit seinem kleinen Handel ernähren.

Einmal zog der alte Tobias den Wagen mit seinem Trödelkram auf der Landstraße entlang.

Er kämpfte gegen den Wind an, der ihm ständig den Hut vom Kopf zu reißen drohte. Auf einmal blieb er stehen. Was lag da auf dem Weg? Es bewegte sich, winselte.

Das war doch ein Hund! Der alte Tobias bückte sich. Der Hund war ganz schwach und kraftlos. Außerdem hatte er eine Pfote gebrochen. Nun, ein gelernter Schäfer weiß, wie man mit gebrochenen Pfoten umgeht. Er zog seinen Mantel aus, legte ihn auf den Wagen und bettete den Hund vorsichtig darauf. Dann holte er in seinem Hut Wasser aus dem nahegelegenen Bach, säuberte die Wunde und schiente und verband das Bein.

„Keine Angst, du wirst wieder gesund. Dafür werd ich schon sorgen!" sagte Tobias und deckte den Hund mit seinem Mantelzipfel zu. Damit es nicht zu sehr holperte, zog er seinen Wagen ganz vorsichtig die Landstraße entlang bis zu der alten Mühle am Fluß. Die Mühle war für ihn Wohnung, Werkstatt und Warenlager. Dort machte Tobias alles heil, was repariert werden mußte: Regenschirme und Fahrräder, alte Uhren und alte Lampen, wackelige Tische, Töpfe und Pfannen. Er strich alte Bilderrahmen, Stühle oder Truhen, bis sie wieder frisch und neu

aussahen. Auch der Hund wurde in der Mühle wieder „wie neu"! Sein Knochenbruch heilte. Bald aß er mit gutem Appetit, wurde kräftig und bekam ein glänzendes Fell.

Als der alte Tobias im nächsten Frühjahr mit seinem Wagen wieder auf die Jahrmärkte und Flohmärkte zog, begleitete ihn der Hund. Sie wurden unzertrennliche Freunde. Und wenn sie sich abends zum Schlafen niederlegten, dann deckte Tobias den Hund mit seinem alten Mantel zu.

„Das war eine schöne Geschichte. Und der Hund – das warst du, nicht wahr?" fragte Molly vorsichtig.

„Richtig geraten", sagte Jeff. „Und jetzt weißt du, warum ich keine Angst vor dem Mantel habe. Es war mein Schutzmantel. Und der Mann mit dem Hut hat mich behütet. So lange, bis der alte Tobias eines Tages verschwand und nicht mehr wiederkam. Ich zog los, um ihn zu suchen. Leider vergeblich. Aber jetzt hab ich ja dich gefunden…"

Rrrrums! Ein schepperndes Geräusch ließ die beiden zusammenfahren.

„Was war denn das?" murmelte Jeff und sprang auf.

„Ein Poltergeist oder ein Gespenst?" rief Molly voller Angst. „Vielleicht spukt es in der Mühle?"

„Ach was. Bestimmt ist nur irgend etwas heruntergefallen. Ich werde nachsehen!" beruhigte ihn Jeff.

Molly sah seinem mutigen Freund voller Bewunderung nach.

16

Der kam schon nach wenigen Augenblicken lachend zurück und sagte:

„Das war bloß der Fensterladen. Der Wind hat ihn aus den Angeln gerissen und gegen die Holzwand geschlagen. Ich werde ihn festbinden. Willst du mir dabei helfen?"

Jeff befestigte den Fensterladen. Er spürte Mollys bewundernde Blicke in seinem Rücken. „Du bist ganz schön erschrocken, was?" sagte er dann. „Aber das ist keine Schande. Das geht anderen Leuten auch so. Dazu kann ich dir eine lustige Geschichte erzählen!"

Und dann setzten sie sich drinnen auf die Ofenbank der alten Mühle, und Jeff erzählte die Geschichte vom Wumms und den Katzen vom Titisee.

Das Wumms
und die Katzen vom Titisee

Es waren einmal drei kleine Katzen, die saßen am Titisee, nicht weit vom Wanderparkplatz, und angelten. Da machte es ganz laut „wumms!"

„Was war das?" riefen die drei Kätzchen fast gleichzeitig.

„Das war das Wumms!" rief eine Stimme aus dem Weidenbaum. Sie gehörte der Amsel, die sich schon lange über die drei Katzen geärgert hatte, weil sie den Flugunterricht ihrer Jungvögel störten.

„Und wer ist das Wumms?" fragte die jüngste Katze.

„Ein riesiges Ungeheuer. Das kommt und will euch fressen! Lauft so schnell ihr könnt!" rief die Amsel und tat ganz aufgeregt.

Die drei Katzen warfen ihr Angelzeug weg und liefen davon. Sie rannten, bis ihnen fast die Luft ausging. Als sie in den Wald kamen, verschnauften sie ein wenig. Ein Eichhörnchen sprang über den Weg und fragte erstaunt: „Was ist los mit euch? Ihr seid ja völlig außer Puste!"

„Es verfolgt uns!" miaute die erste Katze.

„Wer verfolgt euch?" wollte das Eichhörnchen wissen.

„Das Wumms!" rief die zweite Katze und deutete aufgeregt hinter sich.

„Es jagt uns und will uns fressen!" fügte die dritte Katze hinzu.

„Und was ist, bitte sehr, das Wumms?" erkundigte sich das Eichhörnchen.

„Ein schreckliches, riesiges Ungeheuer!" fauchte die jüngste Katze.

„Frißt es auch Eichhörnchen?"

„Darauf möcht ich wetten!" schnaufte die zweite Katze.

„Los, beeilt euch!" rief die dritte Katze, und dann rannten die Kätzchen weiter.

Das Eichhörnchen überlegte nicht lange. Es packte hastig einen Notvorrat zusammen und rannte hinterher.

Auf der Waldwiese stand ein Wildschwein und suchte nach Eicheln. Als es das Eichhörnchen hinter den Katzen herrennen sah, rief es: „He! Seit wann jagt ein Eichkater Katzen?"

„Ich jage nicht, ich werde gejagt", antwortete das Eichhörnchen. „Hinter uns ist das Wumms her! Es will uns alle fressen!"

„Und wer ist das Wumms?" grunzte das Wildschwein.

„Ein schreckliches, riesiges, stinkendes Ungeheuer!" rief der Eichkater.

„Frißt es auch Wildschweine?"

„Bestimmt!" behauptete das Eichhörnchen. „Lauf so schnell du kannst!"

Das Wildschwein überlegte nicht lange und rannte hinter dem Eichhörnchen her.

Am Waldrand saß ein alter Hase und mümmelte an einem Löwenzahnblatt. Er sah die drei Katzen, den Eichkater und schließlich auch das Wildschwein vorbeirennen.

„Weshalb rennt ihr so schnell?" fragte er das Wildschwein.

„Wir laufen um unser Leben!" rief das Wildschwein. „Das Wumms kommt und will uns fressen!"

„Wer ist das Wumms?" erkundigte sich der Hase und lief neben dem Wildschwein her.

„Ein schreckliches, riesiges, stinkendes, rotborstiges Ungeheuer!" keuchte das Wildschwein.

„Frißt es auch Hasen?"

„Bestimmt!" schnaufte das Wildschwein und trippelte noch ein
bißchen schneller hinter den anderen her.

Der alte Hase überlegte nicht lange und rannte hinter den drei
Katzen, dem Eichhörnchen und dem Wildschwein her.

Als sie an den Fluß kamen, trafen sie den Fuchs. Der saß in
einem Boot und war sauer. Er hatte schon eine Stunde vergeblich versucht, einen Fisch zu fangen.

„Was ist denn mit euch los?" erkundigte er sich, als er die völlig
erschöpfte Tiergesellschaft am Ufer ankommen sah.

„Das Wumms kommt! Es will uns fressen!" rief der Hase und
zitterte vor Angst.

„Wer ist das Wumms?" wollte der Fuchs wissen.

„Ein schreckliches, riesiges, stinkendes, rotborstiges Ungeheuer
mit riesigen Nagezähnen!" behauptete der Hase.

„Hast du es gesehen?" fragte der Fuchs.

„Das Wildschwein hat es gesehen!" sagte der alte Hase.

„Der Eichkater hat es gesehen!" sagte das Wildschwein.

„Die drei Katzen haben es gesehen!" sagte das Eichhörnchen.

„Die Amsel hat es gesehen! Und es hat ganz laut ‚Wumms‘ gemacht!" riefen die Katzen. „Wir haben es gehört, als wir beim Angeln am Titisee saßen!"

Da ließ sich der Fuchs die Geschichte in allen Einzelheiten erzählen.

„Wenn es so ist", sagte der Fuchs und lächelte listig, „dann werde ich euch vor dem Wumms retten. Als Belohnung möchte ich die Fische, die die drei Katzen am See gefangen haben. Forellen mag ich nämlich besonders gern."

Damit waren die Katzen einverstanden.

„Und wie willst du uns retten?" erkundigte sich der alte Hase ängstlich.

„Ganz einfach", erklärte der Fuchs. „Steigt schnell in mein Boot. Wenn euch wirklich ein Ungeheuer verfolgt, dann werdet ihr nicht mehr da sein, wenn es kommt!"

Das ließen sich die Tiere nicht zweimal sagen. Das Boot schaukelte und kippte fast um, als das Wildschwein einstieg. Der alte Hase fiel um ein Haar ins Wasser. Die Katzen krallten sich am Wildschwein fest, und das Eichhörnchen sprang dem Fuchs auf den Schoß.

„Immer mit der Ruhe!" sagte der Fuchs. „Die meisten Ungeheuer können nicht schwimmen!"

Als der Fuchs das Boot den Fluß hinaufruderte, beruhigten sich alle. Der Hase rollte sich zusammen, und es zitterten nur noch seine Barthaare. Das Wildschwein grunzte zufrieden und hielt seinen Rüssel zum Kühlen ins Wasser. Das Eichhörnchen saß auf dem Bug und sah sich neugierig um. Es hatte noch nie einen

Bootsausflug gemacht. Und die drei Katzen? Die wurden übermütig und begannen, Piratenlieder zu singen.

Der Fluß führte nach ein paar Windungen geradewegs zum See. Als sie dort ankamen, stand der Eimer mit den Waldseeforellen noch genau dort, wo ihn die Katzen in ihrer Angst zurückgelassen hatten. Auch die Angeln lagen noch da.

„Ihr seht, euer Wumms hat sich nicht einmal die Zeit genommen, die leckeren Fische zu fressen! Es lief gleich hinter euch her. Bestimmt steht es jetzt dort hinten am Fluß und macht ein dummes Gesicht, weil es sich nicht erklären kann, wo ihr alle geblieben seid! Ich werde mich sehr vor diesem gefährlichen, riesigen, stinkenden, rotborstigen Ungeheuer in acht nehmen müssen, wenn ich ganz allein zurückkomme!" sagte der Fuchs. Er lud die Fische ins Boot und ruderte rasch davon. Mit zufriedenem Grinsen sah er auf das Auto, das hinter den Büschen auf den Waldparkplatz fuhr, und lächelte schadenfroh. Dort war das Wumms! Er ahnte, was gleich passieren würde…

Die Leute, die einen Waldspaziergang machen wollten, stiegen aus und schlugen – WUMMS! – die Türen zu.

„Das Wumms!" rief der alte Hase entsetzt. Er lief in den Wald, und das Wildschwein, der Eichkater und die drei Katzen rannten hinter ihm her. Und wenn sie nicht gestolpert sind, dann laufen sie heute noch vor einem riesigen Ungeheuer davon, das ihnen eine kleine Amsel in den Kopf gesetzt hat!

„Die waren ja wirklich dumm", sagte Molly belustigt. „Das Ungeheuer gab es doch nur in ihren Köpfen!"

„Ja, und dein Poltergeist war ein klappernder Fensterladen!" sagte Jeff. „Und das, was du vorhin für ein Gespenst gehalten hast, war bloß ein Mantel und ein Hut."

„Stimmt", antwortete Molly kleinlaut.

„Das Gewitter hat aufgehört. Ich denke wir sollten nochmal vors Haus und ein bißchen Luft schnappen, ehe wir schlafen gehen."

„Jetzt, wo es dunkel geworden ist?" erkundigte sich Molly.

„Du fürchtest dich doch nicht etwa?" fragte Jeff und schubste den kleinen Hund hinaus. Die Luft war frisch und würzig. Sie roch nach Baumfrüchten und Wiesenblumen. Wolkenfetzen zogen am Mond vorbei. Es war hell genug für einen Spaziergang.

Plötzlich entdeckte Molly einen großen Schatten am Weidezaun. Was war denn das? Sein Nackenfell sträubte sich. Unsicher blieb er stehen.

24

„Na, siehst du wieder Gespenster?" fragte Jeff und lachte.

Molly zog die Luft durch die Nase und sagte rasch: „Nein, nein! Ich glaube, es riecht nach Kuh!"

„Das ist eine kleine Kuh. Ein Kälbchen", verbesserte ihn Jeff.

„Woher kommt es? Vorhin, als wir zur Mühle gelaufen sind, war es noch nicht da!" wisperte Molly.

„Dann wird es wohl vom Himmel gefallen sein", sagte Jeff fachkundig. „Sieht ganz so aus, als ob es ein Mondkalb ist."

„Ein Mondkalb?" wiederholte Molly ungläubig.

„Siehst du nicht, daß es lauter dunkle Flecken hat, genau wie der Mond. Du mußt es dir nur mal genau ansehen!" erklärte Jeff.

Und dann erzählte er Molly die Geschichte vom Mondkalb.

Das Mondkalb

Mondkälber leben, wie es der Name verrät, auf dem Mond. Sie sind immer auf der hellen Seite des Mondes, weil sie sich im Dunklen fürchten. Auf der Rückseite des Mondes ist es finster. Dort leben die schwarzen Schafe. Und weil sie genauso finster wie die Rückseite des Mondes sind, hat sie noch nie jemand gesehen. Auch die Mondkälber nicht, denn die würden nie im Leben freiwillig auf die Rückseite des Mondes gehen.

Am wohlsten fühlen sich die Mondkälber bei Vollmond. Wenn das Licht der Sonne voll auf die Mondoberfläche scheint, ist es strahlend hell, und sie können spielen und herumtoben, soviel sie wollen. Sie wären auch sehr zufrieden auf dem Mond, wenn sich da nicht ein Himmelskörper namens Erde immer wieder zwischen Sonne und Mond drängeln würde, der den Mondkälbern das Licht wegnimmt.

Der Erdschatten verdeckt zunächst den Mond nur ein kleines bißchen. Das stört die Mondkälber gar nicht. Aber der Schatten wird immer größer. Nach zwei Wochen ist nur noch der halbe Mond im Licht. Und noch eine Woche später ist die helle Mondfläche nur noch ein schmaler Bogen. Da wird es ganz schön eng für die Mondkälber. So drängeln sie sich alle auf die helle Seite. Ganz dicht stehen sie zusammen. Es wird enger und enger. Manche der Mondkälber halten sich vor Angst am Rand des Mondes fest. Die meisten machen die Augen zu, damit sie die Dunkelheit nicht sehen. Es bleibt ihnen schließlich nichts anderes übrig, als bei Dunkelheit den Mond zu überqueren, weil der Mond ja zuerst auf der gegenüberliegenden Seite wieder hell wird. Da passiert es dann, daß sich ab und zu eines der Mondkälber auf der dunklen Mondfläche verläuft oder daß es sich nicht richtig festhält und von der hellen Seite des Mondes herunterrutscht.

Plötzlich liegt es dann eines Morgens auf einer Wiese, und die Leute sagen: „Komisch. Gestern war es noch nicht da. Es muß vom Himmel gefallen sein!"

„Das arme Kälbchen", sagte Molly.

„Das kommt davon, wenn man sich im Dunkeln fürchtet", sagte Jeff und tat ganz ernst.

Molly überlegte ein bißchen und sagte: „Weißt du was, Jeff: Ich werde das kleine Kalb morgen besuchen, wenn es hell ist. Und dann werde ich ihm erzählen, daß ich einen großen Hund kenne, der der beste Lügengeschichtenerzähler der Welt ist!"

„Du bist zwar nicht vom Mond gefallen, aber auch nicht auf den Kopf!" sagte Jeff und lachte. Und dann gingen die beiden Freunde nach Hause, legten sich in ihre Schlafkisten und schliefen augenblicklich ein.

Am nächsten Tag schien die Sonne.
„Heute sollten wir einen Ausflug in die Berge machen!" schlug Jeff vor.
„Könntest du mir eine gaaanz gefährliche Geschichte erzählen?" bat Molly unterwegs.
„Eine gaaanz gefährliche Geschichte?" sagte Jeff erstaunt und kratzte sich hinterm Ohr.
„Eine gaaanz gefährliche Geschichte", wiederholte Molly. „Ich möchte nämlich endlich das Fürchten verlernen!"
„Meinetwegen", sagte Jeff. „Wenn du dich beim Erzählen fürchtest, sag Bescheid. Dann höre ich natürlich sofort auf."
„Fang an. Ich bin gespannt!" sagte Molly.
Da erzählte Jeff die Geschichte vom Steinbeißermonster.

Das Steinbeißermonster

Es war einmal ein Wanderhund. Der machte einen Bergausflug. Leider verirrte er sich. Er war hundemüde und heilfroh, als er in der Abenddämmerung einen Berggasthof entdeckte.

„Kann ich bei euch übernachten?" erkundigte sich der müde Wanderer.

„Da hinten im Stall auf dem Heu", sagte der Wirt und deutete mit dem Daumen über die Schulter. „Das heißt, wenn du keine Angst vor Alpträumen hast!"

„Ich hab keine Angst vor Alpträumen!" sagte der Wanderhund und dachte: Warum sollte man in den Alpen anders träumen als zu Hause? Der Wanderhund war zehn Stunden gelaufen und so erschöpft, daß er sich nach dem Essen ins Heu fallen ließ und sofort einschlief. Er wachte erst auf, als der Hahn krähte. Da dehnte und reckte er sich und ging in die Wirtsstube, um zu frühstücken.

Der Wirt sah blaß und übernächtigt aus. Erst jetzt fiel dem Wanderhund auf, daß alle Leute im Gasthof schwarz gekleidet waren und traurige Gesichter hatten.

„Warum seht ihr alle so unglücklich aus?" erkundigte sich der Wanderhund.

„Weißt du es wirklich nicht? Oder willst du uns nur verspotten?" fragte der Wirt argwöhnisch.

„Was soll ich wissen?" fragte der Wanderhund neugierig.

„Hast du heute nacht nichts gehört?" erkundigte sich der Wirt.

„Ich habe geschlafen wie ein Murmeltier", antwortete der Wanderhund.

„Er hat nichts gehört. Ich kann es nicht fassen", sagte der Wirt kopfschüttelnd zu den anderen Gästen. Es waren Hirten, Bauern und Bergsteiger aus der Gegend.

„Was soll ich denn gehört haben?"

„Das Steinbeißermonster!" seufzte der Wirt. „Es poltert und randaliert die ganze Nacht. Es heult und krakeelt. Es schleudert Felsbrocken auf unsere Dächer. Keiner von uns kann schlafen. Seit es begonnen hat, die große Höhle in den Berg zu nagen, wird es immer schlimmer!"

„Warum laßt ihr euch das gefallen?" fragte der Wanderhund.

„Du hast keine Ahnung, was wir schon alles probiert haben!" sagte der Wirt. „Aber mit dem werden wir nicht fertig."

„Auch wenn ihr alle zusammen helft?"

„Auch dann nicht", beteuerte der Wirt.

„Es hat scharfe Krallen wie ein Drache, es kann Feuer speien, und es hat so mächtige Zähne, daß es Felsbrocken zerbeißt, als wären es Zuckerstückchen", berichtete ein Bauer.

„Was frißt es denn?" erkundigte sich der Wanderhund.

„Hauptsächlich Steine", sagte ein Bergsteiger. „Ich habe gesehen, wie es einen riesigen Haufen Felsbrocken, der bei einem Bergrutsch vom St. Bernhard heruntergekommen war, in einem Rutsch aufgefressen hat."

„Kein Wunder, wenn es dann nachts Bauchschmerzen bekommt und zum Steinerweichen jault und jammert", meinte der Wanderhund. „Ich hätte gute Lust, mir das komische Monster mal anzusehen!"

„Du gehst auf eigenes Risiko. Wir haben dich gewarnt!" sagte der Wirt mit ernster Stimme.

„Ich wollte sowieso über den St. Bernhard und habe mich bloß verirrt, weil der Weg mit Felsen versperrt war", sagte der Wanderhund. „Jetzt weiß ich warum."

„Sei vorsichtig! Es ist keiner unter uns, der nicht einen Angehörigen in den Bergen verloren hätte", warnte ihn einer der Bauern.

„Und daran ist wirklich das Steinbeißermonster schuld?" fragte der Wanderhund.

„Wir vermuten es!" antwortete der Mann düster.

Der Wanderhund ließ sich von seinem Plan nicht abhalten.

Der Wirt und seine schwarzgekleideten Gäste sahen ihm traurig nach, als er sich auf den Weg machte.

„Schade um ihn", sagte einer und drückte aus, was alle dachten.

Der Wanderhund stieg drei Stunden lang den steilen Weg zum St.-Bernhard-Paß hinauf. Der Weg führte durch ein Flußbett, in dem große Steine lagen, die einmal ein Gletscher dorthingetragen hatte. Und dann kam der Bergsee, der von einem Wasserfall gespeist wurde. In der Mitte des Sees war eine Insel. Dem Wanderhund war warm geworden vom Klettern. Er nahm ein Bad im kühlen See und schwamm zu der Insel. Auf der Insel lag ein riesiger glatter Felsbrocken. Er war warm von der Mittagssonne. Der Wanderhund kletterte hinauf und ruhte sich aus.

Dann schwamm er zurück zu seinem Rucksack und wanderte weiter. Der Pfad wurde allmählich so eng, daß er beim Laufen den Bauch einziehen mußte. Und dann kam die Hängebrücke. „Nimm dich in acht!" krächzte ein Rabe, der über die Schlucht flog.

Die Brücke sah sehr wackelig und schaukelig aus. Aber der Wanderhund ließ sich nicht abschrecken. Auf der anderen Seite stand ein verwittertes Schild:

„Weitergehen auf eigene Gefahr. Das Steinbeißermonster"
Nun, wenn das Steinbeißermonster Steine biß, dann würde es ihm bestimmt nichts tun. Schließlich war er kein Stein. Weshalb sollte er also Angst haben?

Plötzlich prasselten Felsbrocken von der Wand herunter.

„Na, das ist mir ja eine freundliche Begrüßung!" rief der Wanderhund ärgerlich.

Aus einem schwarzen Loch über ihm schob sich ein fauchender, schmauchender, langer, schuppiger Drachenhals.

„Fuahh!" fauchte der Drache. „Mach, daß du wegkommst! Du störst mich beim Mittagessen!"

Aus seinen Nasenlöchern kam giftgelber Schwefeldampf, der so stank, daß der Wanderhund einen Hustenanfall bekam.

„Du hast Mundgeruch!" sagte der Wanderhund.

„Fuah!" fauchte der Drache wieder und warf mit Steinen. „Fort mit dir, oder ich fresse dich!"

„Warum wirfst du mit Steinen?" fragte der mutige Wanderhund.

„Weil du mich störst! Und weil ich keinen Granit mehr mag. Granit. Nichts als Granit. Schon seit Tagen beiße ich nur auf Granit. Fuahh!"

„Möchtest du ein Speckbrot?" erkundigte sich der Wanderhund.

Neugierig schob das Steinbeißermonster seinen faltigen Hals noch ein wenig weiter aus der Drachenhöhle. Der Wanderhund hielt ihm das Speckbrot entgegen. Das Monster schnupperte.

„Riecht überhaupt nicht nach Stein!" sagte es. „Aber ich mag Steine, viele Steine! Hast du vielleicht knusprigen Basalt, blätterigen Schiefer oder bröseligen Sandstein?"

„Ich habe unterwegs einen fabelhaften Hinkelstein gesehen, der war fast so groß wie du. Der müßte dir doch schmecken?"

„Einen fabelhaften Hinkelstein, fast so groß wie ich?"

Einen Augenblick lang schienen Vorsicht und Neugierde in dem riesigen schuppigen Drachenkopf miteinander zu streiten. Vielleicht überlegte es auch, daß es den frechen Wanderhund hinterher immer noch verschlingen konnte, wenn es wollte. Jedenfalls kam das Monster jetzt aus seiner Höhle und stampfte – holterdiepolter – den Felspfad herunter, wobei unter seinen mächtigen Pranken ein neuer Steinregen herunterprasselte.

„Wehe, du schwindelst mich an, dann fresse ich dich zum Nachtisch!" fauchte es.

Der Wanderhund führte das mißtrauische Steinbeißermonster bis zum Bergsee. Am Ufer blieb er stehen und sagte: „Du kannst doch hoffentlich schwimmen?"

„Wenn's weiter nichts ist", sagte das Steinbeißermonster, naschte noch ein paar Kieselsteine und ließ sich geschickt ins Wasser gleiten. „Schwimmen kann ich seit der Steinzeit!"

„Dort ist er!" sagte der Wanderhund, als sie auf der Insel ankamen. Er deutete stolz auf den Hinkelstein.

„Nicht schlecht! Reicht bestimmt für zehn Mahlzeiten!" sagte das Steinbeißermonster und watschelte abschätzend drumherum. „Kalkstein. Mag ich besonders gern! Ist gut für Zähne und Knochen. Ich mußte in letzter Zeit ziemlich viel Granit beißen."

„Und warum?"

„Weil ich einen Tunnel zum anderen Tal gegraben habe, um

mein Revier zu erweitern", sagte das Steinbeißermonster. „Aber heute morgen bin ich damit fertig geworden!"

„Heißt es, daß man dann nicht mehr über die steile Paßstraße muß, wenn man ins Nachbartal will?"

„Genau", antwortete das Steinbeißermonster. „Ich hab schließlich schon ein paar tausend Jahre auf dem Buckel, und da klettert man nicht mehr so gern." Mit seinen flinken Drachenaugen sah es zwischen dem Felsbrocken und dem Wanderhund hin und her und überlegte, wen es wohl zuerst anknabbern sollte.

Der Wanderhund spürte, was das Steinbeißermonster dachte, und sagte: „Probier doch mal den Stein, ob er dir wirklich schmeckt. Wenn du ihn gefressen hast, zeige ich dir noch größere und schönere!"

Das Steinbeißermonster fiel auf die List herein. Es knabberte den Hinkelstein an. Es schien ihm zu schmecken. Es fraß und fraß. Der Wanderhund stand daneben und bewunderte lautstark seinen Appetit.

Der Bauch des Steinbeißermonsters wurde dicker und dicker.

Der Hinkelstein wurde kleiner und kleiner.

Der Wanderhund wurde fröhlicher und fröhlicher.

„Uaps!" rülpste das Steinbeißermonster schließlich. „Ich kann nicht mehr!"

„Die paar Krümelchen wirst du doch noch schaffen!" sagte der Wanderhund vergnügt und deutete auf einen Haufen Bruchsteine, der neben dem Monster auf der Erde lag. Da mampfte das Monster auch noch den Steinhaufen weg.

„Ich werde allen, denen ich begegne, erzählen, was für ein gieriges, gefräßiges Steinbeißermonster du bist!" sagte der Wanderhund und machte sich auf den Weg zum Seeufer.

„Wirst du nicht, denn ich werde dich – oupps – verschlingen!" japste das Steinbeißermonster.

„Da mußt du mich erst mal kriegen!" lachte der Wanderhund und sprang in den See. Das Steinbeißermonster watschelte ungeschickt hinterher. Aber weil es den tonnenschweren Hinkelstein gefressen hatte, war es so schwer, daß es nicht mehr schwimmen konnte. So konnte der schlaue kleine Wanderhund entkommen.

„Das war eine tolle Geschichte!" sagte Molly. „Und ich hab mich überhaupt nicht gefürchtet. Genau wie der Wanderhund. Sag mal, denkst du, daß das Steinbeißermonster ertrunken ist?"

„Vermutlich", antwortete Jeff. „Denn ich hab nirgendwo auf der Welt ein Steinbeißermonster gesehen. Du vielleicht?"

„Nein," antwortete Molly lachend. „Aber den Tunnel, den es in den Felsen gebissen hat. Da fährt jetzt ein Zug durch, und die Leute, die in den Tälern leben, sind froh, daß sie nicht mehr über die Paßstraße klettern müssen! Vielleicht sollte man nach Steinbeißermonster-Eiern suchen, sie ausbrüten und die jungen

Steinbeißermonster zum Tunnelgraben anlernen. Sie könnten U-Bahnschächte ausgraben oder unterirdische Geheimgänge…" Molly sprühte vor Einfällen, bis Jeff schließlich lachend sagte: „Molly, du hast ja eine ganz tolle Fantasie! Du könntest mir eigentlich auf dem Rückweg auch eine Geschichte erzählen."

„Meinst du, das kann ich wirklich?"

„Na klar, versuch es doch!" sagte Jeff.

„Ich trau mich noch nicht. Später vielleicht", sagte Molly.

„Weißt du, ich wäre auch gern so groß und stark wie das Steinbeißermonster. Am liebsten wäre ich ein riesiger Dinosaurier."

„Wie kommst du denn auf die Idee?" erkundigte sich Jeff verwundert.

„Dann hätte ich lange Beine und könnte große Schritte machen. Größere als du. Dann wär ich jetzt nicht so müde. Außerdem könnte ich ganz toll kämpfen. Ich müßte vor Ali Baba und seiner Bande keine Angst mehr haben! Ich wüßte genau, daß ich sie besiegen könnte, auch wenn sie in der Überzahl sind. Dann hätten alle Angst vor *mir*."

„Wenn du ein Dinosaurier wärst," überlegte Jeff, „dann hätte *ich* Angst vor dir. Dann würde ich jetzt nicht so friedlich neben dir herlaufen und Geschichten erzählen. Dann wärst du zwar furchtbar stark, aber allein. Komm setz dich, wir machen eine kleine Pause."

Die beiden setzten sich an den Wegrand, und Jeff bemerkte, daß Molly ein bißchen außer Puste war, weil er versucht hatte, mit ihm Schritt zu halten.

„Was ist eigentlich wichtiger: stark oder schlau sein?" fragte Molly, den dieses Thema nicht losließ.

„Das ist eine schwierige Frage", brummte Jeff. „Meist hat man keine Wahl."

Er grübelte eine Weile und sagte dann zögernd: „Ich denke, schlau sein ist besser."

„Da kennt man die besseren Tricks, wenn man beim Raufen unten liegt, nicht wahr?" sagte Molly. „Leider war ich nicht schlau genug, als ich in die Rauferei mit Ali Babas Räuberbande geriet. Ich hätte mich wegen dieser blöden Wurst nicht ver-prügeln lassen sollen…"

„Andererseits kann man sich auch nicht alles gefallen lassen", sagt Jeff. „Aber wenn du klug bist, dann hütest du dich zum Beispiel besser davor, einen zu reizen, der stärker ist als du."

„Bestimmt weißt du dazu auch wieder eine Geschichte?" erkundigte sich Molly und sah Jeff von unten her verschmitzt an.

„Woher weißt du das?" brummte Jeff. „Nun, es ist eine sehr kurze, aber eine recht einprägsame Geschichte. Soll ich sie noch erzählen, ehe wir weitergehen?"

„Oh, bitte!" rief Molly, der für die kleine zusätzliche Verschnaufpause sehr dankbar war. Da erzählte Jeff die Geschichte vom Nilpferd und der Mücke.

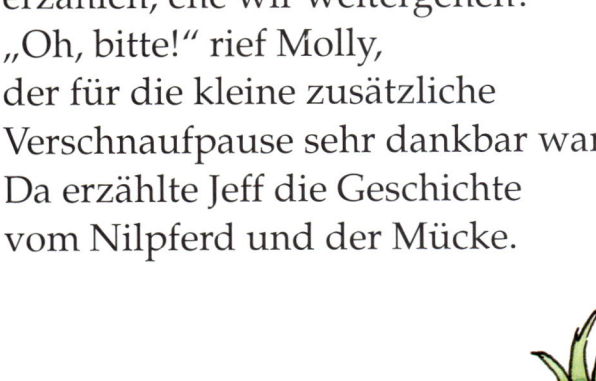

Das Nilpferd und die Mücke

Es war einmal ein Nilpferd, das lag im Uferschlick des Flusses in der Mittagssonne und blinzelte träge vor sich hin. Da kam eine Mücke angesurrt und setzte sich auf seinen Rücken. Das Nilpferd zuckte ein bißchen mit der Haut. Da setzte sich die Mücke auf das Nilpferd-Auge. Das Nilpferd blinzelte. Da setzte sich die Mücke auf die Nase des Nilpferds. Das Nilpferd schnaubte ärgerlich. Das gefiel der Mücke, und sie summte ständig um die Nilpferd-Nase herum. Das Nilpferd schnappte, aber die Mücke entwischte. Da wurde das Nilpferd ziemlich zornig. Die Mücke aber wurde immer frecher. Es machte ihr Spaß, jemanden zu ärgern, der so viel größer war als sie. Sie war sicher, daß sie diesem schwerfälligen Klotz immer wieder entwischen würde. Ganz sicher. Zu sicher.
Schnapp! machte das Nilpferd plötzlich, und die Mücke war in seinem riesigen Maul gefangen.

„Man soll eben keinen ärgern, der stärker ist!" sagte das Nil-pferd, und weil es dabei schadenfroh grinste, gelang es der Mücke, durch die Zahnlücke links unten zu entwischen.

„Da hat die Mücke aber mächtig Glück gehabt!" sagte Molly er-leichtert. „Ich dachte schon, das Nilpferd hätte sie verschluckt, und sie wäre in seinem dunklen Bauch vor Schreck gestorben."
„Ich denke, jetzt sollten wir weiterlaufen!" sagte Jeff.
„Ich wollte dir nämlich noch eine Ritterburg zeigen."
„Was für eine Ritterburg?"
„Die Burg von Hasso von Bellstein.
Das war ein berühmter Jagdhund.
Der lebte dort oben auf dem Berg
hinter den Bäumen."
„Heißt es, daß ich den ganzen Berg
hochklettern muß, um die
Ritterburg zu sehen?"
„Das heißt es", sagte Jeff.
„Uff", stöhnte Molly.
„Ich erzähle dir auch eine Räuber-
rittergeistergeschichte dabei. Dann
fällt dir das Klettern nicht so schwer!" versprach Jeff.
„Eine Räuberrittergeistergeschichte? Au ja!" rief Molly und war wieder munter. Sie stiegen den Berg hinauf zur Burg.
Und dabei erzählte ihm Jeff die Geschichte vom weißen Ge-spenst von Jauleck.

Das weiße Gespenst
von Jauleck

Es war einmal ein Jagdhund, der hieß Hasso. Er war noch ganz jung und streunte am liebsten im Räuberwald bei der Wolfsschlucht herum, weil es da so abenteuerlich roch. Da geschah es eines Tages, daß König Bello IV. mit einer vornehmen Jagdgesellschaft an der Quelle in der Wolfsschlucht Rast machte. Neugierig spähte Hasso über den Rand der Schlucht. Er hatte noch nie so viele edle Hunde auf einem Haufen gesehen! Da knackte es neben ihm im Gebüsch. Hasso erschrak und legte sich flach auf die Erde. Vermummte Gestalten näherten sich, und eine von ihnen sah ebenfalls in die Schlucht hinunter.

„Sie sind da!" flüsterte eine Stimme in der Dunkelheit. „Alles geht genau nach Plan. Mir nach!" Und dann raschelte es im Gebüsch.

Das waren Räuber! Hasso ahnte, daß sie Böses im Schilde führten. Er überlegte, wie er die königliche Jagdgesellschaft warnen könnte. Aber da war es schon zu spät. Ein schriller Pfiff erklang unter ihm im Gestrüpp. Und dann drangen die Räuber auch schon aus verschiedenen Richtungen auf die Jagdgesellschaft ein, die in der Schlucht gefangen war wie in einer Mausefalle. König Bello und seine Begleiter hatten zum Essen alle ihre Waffen abgelegt und waren leicht zu überwältigen.

Fieberhaft überlegte Hasso, wie er den König retten könnte. Er beschloß, den Räubern zu folgen und die Nacht abzuwarten. Sie ritten eine halbe Tagesreise nach Norden und machten dann an einer Höhle Rast, die den Räubern offenbar schon früher als Versteck gedient hatte.

„Macht Feuer und bereitet das Abendessen. Ich sterbe vor Hunger!" befahl der Anführer. Die Gefangenen wurden in die Höhle gebracht. Die Räuber feierten ein lautes Fest. Sie schmausten und tranken. Die Beute war reichlich gewesen, und sie hofften obendrein auf Lösegeld für ihre berühmten Gefangenen. Sie hatten jedoch die Rechnung ohne Hasso gemacht. Der schlich sich nachts, als die Räuber schliefen, auf leisen Pfoten ins Räuberlager und befreite den König und sein Gefolge.

König Bello IV. war Hasso sehr dankbar für diese Tat. Er ernannte ihn zum obersten Palasthund und schenkte ihm die Burg Bellstein als Wohnsitz.

Nach der glücklichen Rückkehr von der Jagd gab der König ein Fest und schlug Hasso zum Ritter.

Ritter Hasso von Bellstein war der Held des Tages. Beim Tanz im Rittersaal lernte er Kira von Wedel kennen, eine besonders liebenswerte Hundedame. Kein Wunder, daß sie von dem tüchtigen und gutaussehenden Hasso begeistert war. Die beiden verliebten sich Hals über Kopf ineinander. Alles wäre gut gewesen, wenn nicht Kira von Wedel schon längst von ihrem Vater an Bonzo von Jauleck, den obersten Hofsänger, versprochen gewesen wäre. Da gab es keine Widerrede! Der hatte sich als Trommler in der Schlacht gegen die sibirischen Wölfe große Verdienste erworben und war ein reicher und einflußreicher Hund.

„Ich habe mein Ehrenwuff gegeben!" sagte Vater von Wedel. „Du mußt Bonzo heiraten!"

„Wie kann ich ihn heiraten, wenn ich einen anderen liebe?" weinte Kira.

„Wenn du erst Herrin von Jauleck bist, wirst du diesen hergelaufenen Jagdhund schon vergessen!" rief der Vater wütend.

„Ich werde ihn nie vergessen!" schluchzte Kira.

Hasso und Kira trafen sich heimlich und überlegten, wie sie einen Ausweg aus dieser Situation finden könnten. Es fiel ihnen nichts anderes ein, als davonzulaufen. Am Hochzeitsmorgen, als die Braut festlich geschmückt zur Burgkapelle von Jauleck geführt wurde, sprengte überraschend Hasso von Bellstein auf seinem Pferd in den Burghof und entführte Kira.

Ein Aufschrei ging durch die Hochzeitsgesellschaft.

„Welch eine Schmach, welch eine Schande!" rief Mama von Wedel und verbarg jaulend ihr Gesicht hinter ihren großen Pfoten.

„Ihm nach!" rief Bonzo von Jauleck und sprang auf sein Pferd. Es gelang ihm, die Fliehenden einzuholen. Auf einer Waldwiese kam es zum Kampf, in dem Hasso unterlag.

Im Triumphzug brachte Bonzo die zurückeroberte Braut nach Hause. Die Hochzeitsfeier fand statt. Aber seine Frau wurde die hübsche Kira trotzdem nicht.

Als Bonzo am Abend in das Brautgemach kam, war Kira verschwunden. Das Brautkleid war auf dem Stuhl vor dem Spiegel ausgebreitet. Auf dem Frisiertisch lag die Brautkrone. Daneben saß eine Kröte und sah ihn mit traurigen Augen an.

„Fort mit dir!" rief Bonzo und verscheuchte das Tier. Die Kröte hüpfte über die Türschwelle, sprang die Treppe hinunter, lief auf den Schloßhof hinaus und verschwand im Brunnen.

Seither geistert ein Gespenst im weißen Schleier auf Burg Jauleck. Man hat es in einer Vollmondnacht auf dem Schloßturm gesehen, wo es durch die Fenster heulte und ‚Hasso, Hasso' rief.

45

Auch jetzt soll es von Zeit zu Zeit noch spuken, nach vielen hundert Jahren, wo Schloß Jauleck nur noch eine kümmerliche Ruine ist.

„Es war eine schaurige, traurige Geschichte", sagte Molly leise, als sie Burg Bellstein endlich erreicht hatten.

„Und da drüben liegt die Ruine von Schloß Jauleck", behauptete Jeff, „wir sollten hingehen und auf den Turm steigen."

„Müssen wir dann über die Hängebrücke an der Schlucht?" fragte Molly.

„Du hast doch keine Angst?"

„Ach was", tat Molly entrüstet.

Nachdem sie den gefährlichen Weg gemeistert hatten, blieben sie stehen, und Jeff schob die Zweige eines Gebüsches zur Seite.

„Wow! Tatsächlich!" staunte Molly. „Und da ist der Turm. Ist das der Turm, in dem man den Geist mit dem weißen Schleier gesehen hat?"

Jeff nickte. „Kann natürlich sein, daß der Geist bloß eine weiße Waldtaube gewesen ist!"

„Ich fände es schöner, wenn es ein wirklicher Geist gewesen wäre, und du?"

„Natürlich auch", sagte Jeff. „Bestimmt gibt es den weißen Geist von Jauleck, denn schließlich ist es ihm gelungen, dich über die Hängebrücke zu locken!"

„Laß uns auf den Turm klettern!" rief Molly. Aber auf der fünften Stufe bekam er schon Angst vor seinem eigenen Mut. „Huh, geht das tief runter!" sagte er, als er aus dem Fenster sah. „Ich glaube, mir wird schwindelig. Ich möchte kein Gespenst sein!"

„Das übt sich", meinte Jeff. „Lauf hinter mir her und halte dich an meinem Fell fest."

Die herrliche Aussicht belohnte die beiden für die Mühe des Aufstiegs. Auf der einen Seite sah man über den Wald bis zum See. Auf der anderen lagen ihnen die Ausläufer der Stadt zu Füßen.

„Die Häuser sehen wie Spielzeughäuser aus!" sagte Molly.

Jeff holte ein altes Fernglas aus dem Rucksack und sagte: „Siehst du das dritte Haus von links? Das mit der Kinderschaukel im Garten?"

Molly sah ebenfalls durch das Glas. „Jaja, kann ich sehen. Was ist mit dem Haus?"

„Ich glaube, in dem Haus hat einmal Ali Baba gewohnt", sagte Jeff.

„Ali Baba in einem so schönen Haus? Wie ist das möglich?"

„Das ist eine lange Geschichte",
antwortete Jeff.

„Erzähl!" bat Molly.

„Auf dem Rückweg!
Jetzt möchte ich erst noch ein bißchen
herumklettern und die schöne
Landschaft bewundern!" sagte Jeff.
Aber er hielt sein Versprechen.
Auf dem Rückweg zur Mühle
erzählte er Ali Babas Geschichte,
so wie sie ihm einer
erzählt hatte, dem man sie
auch erzählt hatte.

Ali Babas Geschichte

Es waren einmal ein Mann und eine Frau, die kauften sich ein Haus am Stadtrand. Als alles fertig eingerichtet war, sagte die Frau: „Es ist recht gemütlich geworden. Aber irgendwie ist das Haus leer."

„Du hast recht!" sagte der Mann. „Es wäre schön, wenn da einer wäre, der sich freut, wenn wir von der Arbeit nach Hause kommen." Und dann schafften sie sich einen kleinen Hund an.

„Ist der niedlich!" rief die Frau begeistert und spielte mit ihm.

„Ein richtiger Räuber!" sagte der Mann, als der Hund mit seinem Schuh im Maul davonrannte.

„Wir brauchen noch einen Namen für ihn!" überlegte die Frau.

„Nennen wir ihn Ali Baba!" schlug der Mann vor, als er seinen Schuh wieder zurückerobert hatte. Der Mann und die Frau mochten ihren „kleinen Räuber" Ali Baba sehr.

Und Ali Baba fühlte sich wohl in dem Haus, denn er war der

Mittelpunkt der kleinen Familie. Für eine Weile jedenfalls. Der Hund wuchs und wurde groß und kräftig.

Die Frau und der Mann mochten Ali Baba immer noch. Aber sie spielten nicht mehr so oft mit ihm, und manchmal schimpften sie, wenn er zuviel Schmutz machte, wenn er nachts bellte, wenn er ein Häufchen auf den Fußboden machte oder wenn er die Teppichkanten annagte, weil er tagsüber allein war.

Als Ali Baba ein großer, erwachsener Hund war, veränderten sich der Mann und die Frau plötzlich. Sie benahmen sich anders als sonst. Sie schenkten Ali Baba kaum mehr Aufmerksamkeit als ihrem Tisch oder der Küchenuhr. Er mußte sich immer bemerkbar machen, wenn er rausmußte. Die Frau wurde etwas dicker und unbeweglicher. Ali Baba dachte, daß ihre Schwerfälligkeit der Grund war, weshalb sie nicht mehr mit ihm nach dem Stöckchen über die Wiesen jagte.

Dann kam der Tag, an dem sich Ali Babas Leben grundlegend veränderte. Die Frau blieb ein paar Tage fort und kam dann mit einem kleinen Bündel auf dem Arm zurück.

„Das ist unser Sohn Rufus!" sagte der Mann stolz und ließ Ali Baba an dem Windelbündel schnüffeln, das nach Mensch roch.

„Du wirst ihn beschützen und immer auf ihn aufpassen, nicht wahr?" sagte die Frau und lächelte stolz.

In ihrem Glück über das Baby merkten der Mann und die Frau gar nicht, daß Ali Baba immer unglücklicher wurde. Das Kind wuchs, lernte krabbeln und laufen. Das dauert bei Menschen viel länger als bei Hunden. Als es zwei Jahre alt war, begann es Ali Baba am Schwanz und an den Ohren zu ziehen. Es versuchte,

mit seinen kleinen Fingern in seine Augen zu fassen. Das war etwas, was Ali Baba überhaupt nicht leiden konnte. Er knurrte. Aber das Kind hatte überhaupt keine Angst vor dem Hund.

„Wenn ich stark wie ein Bär wäre", dachte Ali Baba, „dann würde es mich sicher in Frieden lassen!" Und als Rufus mit einem Stock hinter ihm herlief, knurrte er drohend wie ein Bär. Da blieb das Kind zurück. Als Rufus fünf Jahre alt wurde, lud er Freunde zu seinem Geburtstagsfest ein. Sie waren ausgelassen und tobten im Garten herum. Ali Baba war ein dankbares Opfer. Sie packten ihn und versuchten, ihm Kleider anzuziehen. Ali Baba sträubte sich. Er knurrte bedrohlich.

„Der tut nur so. Der beißt nicht!" beruhigte Rufus die Freunde.

50

Zwei Kinder hielten Ali Baba am Halsband fest, so daß er kaum noch Luft bekam. Sie zogen ihm einen Pullover über. Als sie ihm noch einen Hut und eine Brille aufsetzen wollten, wurde es Ali Baba zu bunt. Er schnappte wild um sich. Plötzlich schmeckte er Blut. Er hatte Rufus in die Wade gebissen! War das ein Geschrei! Die Eltern kamen angelaufen. Da sie nicht wußten, was vorher geschehen war, bekam Ali Baba die Schuld an dem Vorfall.

„Der Hund muß weg!" sagte der Mann abends. „Ein Hund, der einmal beißt, beißt wieder! Man kann ihn ja nicht mehr mit gutem Gewissen mit Kindern allein lassen!"

„Was machen wir mit ihm?" sagte die Frau.

„So leid es mir tut", seufzte der Mann. „Er muß ins Tierheim, oder wir müssen ihn…"

„Du meinst…", sagte die Frau und sah den Mann an. Der Mann nickte. Da wußte Ali Baba, daß man nichts Gutes mit ihm vorhatte. Vor Angst lief er noch in derselben Nacht davon. Er irrte tagelang in der Stadt herum und ernährte sich von dem, was er irgendwo in Rinnsteinen oder Mülltonnen fand. Da traf er einen alten Straßenmusikanten, der genauso allein war wie er, weil er auch weggelaufen war, nachdem er etwas angestellt hatte.

„Kannst bei mir bleiben, Alter, und mich wärmen. Es ist jetzt kalt in der Nacht!" brummte der Musikant.

Tagsüber saßen sie in der Fußgängerzone der Innenstadt. Der Mann hatte ein Schild gemalt:

„Bitte um Futter für mich und meinen hungrigen Hund!"

Dann holte er seine Fiedel aus dem Wandersack heraus , die nur noch drei Saiten hatte, und geigte mehr schlecht als recht darauf herum.

Die Leute, die Ende November bereits auf der Jagd nach Weihnachtsgeschenken waren, warfen im Vorübereilen Münzen in den Hut. Davon kaufte sich der Mann etwas zu trinken. Selten genug fiel auch ein Stück Brot oder ein Knochen für Ali Baba ab. Eines Morgens wollte der alte Mann nicht mehr aufwachen, so sehr ihn Ali Baba auch schubste und stupste.

Als die ersten Geschäfte öffneten und man den Mann bemerkte, rief jemand den Krankenwagen. Zwei Männer in weißen Kitteln trugen den Straßenmusikanten fort und schoben ihn samt seinem Bündel in den Wagen hinein. Ali Baba wartete ein paar Tage an der Straßenecke auf ihn. Aber leider vergeblich. Dann wurde er von den Leuten verjagt, die fanden, daß ein herren- loser Hund in der Einkaufsstraße nichts zu suchen habe.

Ali Baba schloß sich mit anderen Stadtstreunern zusammen. Mit Fifine, die von der Besitzerin des Ladens „Zur Kirschpraline" weggelaufen war, weil sie nicht mehr getrimmt, frisiert und parfümiert auf einem seidenen Kissen im Fenster liegen wollte. Mit Nobody, der von einer Familie ausgesetzt worden war, weil sie in der neuen Wohnung keine Hunde mehr halten durften. Ottos ehemaliges Herrchen mußte ins Gefängnis. Weil die Nachbarn nicht wußten, was sie mit dem Hund anfangen sollten, wollte man ihn ertränken. In letzter Minute gelang es Otto, sich loszureißen und zu fliehen. Bobo war einen Sommer lang als niedliches Hundekind von Feriengästen im Haus am See verhätschelt und dann „vergessen" worden. Alle fünf waren allein und hatten keine Freunde. Ihr gemeinsames Unglück verband sie. Deshalb blieben sie zusammen und gründeten ihre „Räuberbande".

„Du hast sie ja kennengelernt."

„Ich hätte nie gedacht, daß einer wie Ali Baba auch Angst haben könnte", sagte Molly nachdenklich.

„Und ich habe Angst, daß wir uns in der Dunkelheit verlaufen, wenn wir uns jetzt nicht beeilen!" rief Jeff. „Los komm!"

„Weißt du nicht noch eine Geschichte?" bettelte Molly.

„Mein Kopf ist leer", behauptete Jeff.

Ein Hase lief über ihren Weg.

„Von einem Hasen vielleicht?" schlug Molly vor.

„Wenn es kein Angsthase sein muß, dann kenn ich, glaube ich, eine Geschichte…" grübelte Jeff. „Eine unglaubliche Geschichte. Die haben sich einmal zwei Hasen beim Gute-Nacht-Sagen hinter der Mühle erzählt. Also gut, hör zu…"

Und dann erzählte Jeff die Geschichte vom wasserscheuen Feldhasen.

Der wasserscheue Feldhase

Es war einmal ein kleiner Feldhase, der wurde auf einer Treibjagd von Hunden gehetzt. Schließlich kreiste ihn die Meute ein und trieb ihn am Meeresufer in die Enge. Der Hase war sehr wasserscheu und wollte nicht ins Meer springen! Da entdeckte er einen Holzweg, der auf die Wasserfläche hinausführte. Er rannte und rannte...

Aber am Ende des Landungssteges stellte die Meute natürlich den Hasen. Jaulend und kläffend stürzten sich die aufgeregten Hunde auf ihn. Da blieb dem Hasen nichts anderes übrig, als doch ins Wasser zu springen, wenn er nicht gefangen werden wollte.

Es platschte und spritzte. Dem armen Hasen wurde schwarz vor Augen. Das Wasser gluckerte in seinen Ohren. Das Geräusch der bellenden Hunde wurde leiser und verstummte schließlich ganz.

Als der Hase nach einer Weile vorsichtig die Augen öffnete, sah er um sich einen Algenwald und Fische, die neugierig um ihn herumschwammen und ihn betrachteten. Ein Seepferd kam angaloppiert und forderte ihn auf, ihm zu folgen. Der Hase folgte wie im Traum und erreichte schließlich den gläsernen Palast der Seehasenkönigin. Sie saß auf einem Muschelthron und musterte den Hasen neugierig.

„Wenn du ein Jahr lang fleißig für mich arbeitest und hilfsbereit bist, dann soll es dein Schaden nicht sein", sagte die Seehasen-

königin. „Das schreib dir hinter die Löffel, denn Faulenzern und
Tagedieben geht es schlecht im Seehasenreich!"

„Ich werde mir Mühe geben!" sagte der kleine Hase.

„Gebt ihm erst eine kleine Stärkung! Er ist ja völlig ausge-
hungert!" sagte die Seehasenkönigin zu ihren Garde-Langusten,
die mit gefährlichen Zangen bewaffnet neben ihrem Thron
wachten.

Der Hase bekam Seegrassalat und Algensaft, um sich zu
stärken.

Danach stellte ihm die Seehasenkönigin verschiedene Auf-
gaben, die er alle zu ihrer Zufriedenheit erledigte. Besonders
geschickt war er bei Botengängen. Keiner übermittelte Geheim-
botschaften so flink und zuverlässig wie er.

56

Der Hase war auch nett zu allen anderen. Und als ihn die Königin mit einer kleinen blauen Uniform mit goldenen Knöpfen ausstattete, war er stolz, aber kein bißchen eingebildet.

Er half auch seinen Nachbarn, und er verpetzte niemanden. Selbst als ein übermütiger kleiner Hecht der königlichen Meerjungfrau die Algensuppe versalzte und eine freche Krabbe beim Kieselsteinweitwurf das Küchenfenster der Muschelfrau einwarf, verriet er nichts.

„Könntest du für mich die Leiter halten, könntest du einen Augenblick auf meine Kaulquappen-Kinder aufpassen, könntest du mir beim Seegrasmähen helfen?" baten die Nachbarn.

„Gerne", sagte der Hase. Er half, wo er konnte. Er war vergnügt und zufrieden. Alle mochten ihn gern.

Das Jahr verging wie im Flug. Als der Abschiedstag gekommen war, wurde er reich beschenkt. Seine Freunde gaben für ihn ein Fest. Und die Seehasenkönigin sagte: „Möchtest du für immer bei uns bleiben?"

Aber das wollte der kleine Hase nicht. Er wollte zurück auf die Erde. Er wollte die Sonne wieder auf den Pelz brennen fühlen und den Sand und die Stoppeln unter den Pfoten spüren, wenn er über die Herbstfelder rannte.

„Ich respektiere deinen Wunsch", sagte die Seehasenkönigin. Und dann griff sie in die Meerschaumschale, die auf dem Tisch stand, und füllte einen grünen Korb mit Algenkeksen. Den schenkte sie ihm zum Abschied. Der kleine Hase bedankte sich. Insgeheim war er ein bißchen enttäuscht, denn Algenkekse waren nicht gerade sein Leibgericht. Sie schmeckten ein bißchen nach Spinat. Wenn es wenigstens Seegrasnudeln gewesen wären. Die aß er viel lieber!

Als der Hase wieder an die Wasseroberfläche kam, spürte er, wie der Korb schwerer und schwerer wurde. Als er schließlich am Ufer stand, konnte er den Korb kaum tragen. Nun, daß Gegenstände unter Wasser weniger wiegen als über Wasser, weiß jeder kleine Hase, der in der Hasenschule aufgepaßt hat. Aber so schwere Kekse? Seufzend klappte er den Deckel hoch, um einen der Algenkekse zu verspeisen. Die weite Reise hatte ihn hungrig gemacht. Man kann sich vorstellen, daß dem Hasen vor Schreck fast die Augen aus dem Kopf fielen – und die Zähne aus dem Kiefer, als er in den Algenkeks hineinbiß und fest-stellen mußte, daß der mit purem Gold gefüllt war!

Da lief der Hase vergnügt ins Gasthaus „Zum Hasenfuß", das gleich neben der Flußmündung lag. Dort erzählte er den staunenden Gästen seine unglaubliche Geschichte. Dann lud er für einen goldenen Algentaler alle zum Essen und Trinken ein.

„Wenn das so einfach ist!" dachte der dicke Biber, der faul in der Ecke saß und sein Eichelbier trank, während sich seine Familie zu Hause mit dem Deichbau herumplagte. Er ließ sich vom Hasen die Stelle zeigen, an der er ins Wasser gesprungen war,

und sprang dann ebenfalls hinein. Es war, wie der Hase gesagt hatte. Das Seepferd kam angeprescht und geleitete ihn in den Palast der Seehasenkönigin, der dem Biber noch prächtiger erschien, als ihn der Hase geschildert hatte. Und die Scheren der Wachsoldaten erschienen ihm auch größer und gefährlicher.

„Sieh an, ein Biber! Du könntest mein Berater sein!" sagte die Seehasenkönigin, als man den Biber zu ihr brachte. „Ich möchte ein großes neues Seeschloß mit Meerschaumsäulen und Marmortreppen bauen. Da fehlt mir ein tüchtiger Baumeister! Wenn du ein Jahr lang fleißig für mich arbeitest und hilfsbereit bist, dann soll es dein Schaden nicht sein."

„Könnte ich nicht lieber Bote sein?" bat der Biber, der sich das weniger anstrengend vorstellte. Vielleicht sollte er noch Marmor schleppen? Der war viel schwerer als das Bauholz vom Biberbau! Nein, gebaut hatte er in seinem Leben genug!

„Na gut!" sagte die Seehasenkönigin verwundert. „Dann bringe gleich den ersten Brief zum Postamt!"

„Jetzt gleich?" erkundigte sich der Biber. Wenn er sich nicht irrte, hatte der Hase erst etwas zu essen bekommen.

„Jetzt gleich!" sagte die Seehasenkönigin. „Die Sache eilt! Und trödle nicht, denn Faulenzer und Tagediebe sind unbeliebt im Seehasenreich!"

„Nimmst du meinen Brief auch mit?" bat ein Tintenfisch.

„Geh doch selbst. Schließlich hast du mehr Beine als ich", sagte der Biber ärgerlich und machte sich auf den Weg.

„Könntest du meine schwere Tasche ein Stückchen tragen?" bat ihn unterwegs ein alter Taschenkrebs. „Ich hab solche Rückenschmerzen!"

„Damit ich auch welche kriege? Kommt nicht in Frage!" antwortete der Biber. Er dachte nur an sich und daran, wie er den Auftrag der Seehasenkönigin recht rasch und bequem erledigen konnte. Und so war es auch weiterhin.

Als ein halbes Jahr um war, rief ihn die Seehasenkönigin zu sich und sagte: „Ich denke, es ist Zeit, daß du wieder auftauchst! Deine Familie wird dich sicher vermissen."

„Das glaube ich nicht", antwortete der Biber. „Aber vielleicht ist es wirklich Zeit, daß ich mal nach dem Rechten sehe , das faule Pack liegt sonst bloß den ganzen Tag in der Sonne, statt den Deich auszubessern."

Die Nachbarn waren froh, daß der unfreundliche Biber endlich wegging. Sie feierten ein kleines Fest, aber nicht aus Abschiedsschmerz, sondern vor Freude. Keiner mochte den faulen Kerl. Er hatte nie jemandem einen Gefallen getan! Und als einmal ein kleiner Tintenfisch aus versehen ein bißchen Tinte auf das Sonntagskleid einer königlichen Meerjungfrau gekleckert hatte, verpetzte er ihn sofort. Seitdem hüllten sich alle Tintenfische in dunkle Wolken, wenn er auch nur in ihre Nähe kam.

Als sich der faule Biber schließlich von der Seehasenkönigin verabschiedete, schielte er gierig nach der schneeweißen Meerschaumschale auf dem Tisch und sagte: „Kann ich einige von den Keksen mitnehmen?"

„Wenn du unbedingt möchtest", sagte die Seehasenkönigin und lächelte geheimnisvoll. „Sieh dich vor. Es sind ganz besondere Kekse!"

„Ich weiß", murmelte der Biber und stopfte den Korb und die Taschen voll, bis nichts mehr hineinpaßte.

Der Biber paddelte und strampelte, weil er gar nicht schnell genug auftauchen konnte. Es war wie der Hase gesagt hatte: Der Korb wurde schwerer und schwerer. Als der Biber schließlich an die Wasseroberfläche kam, schwamm er noch ein ganzes Stück weit. Er wollte nicht in der Nähe des Gasthauses „Zum

Hasenfuß" auftauchen. Am Ende saß der Hase dort und erwartete, daß er ihm ein Bier spendierte!

Nein! Das waren seine Algenkekse. Seine ganz allein! Gierig faßte er in den Korb, um das Gold zu spüren. Igitt, was war denn das? Rasch zog er die Pfoten zurück. Sie waren ganz klebrig und stanken fürchterlich nach Hasenkot! Diese verflixten Kekse waren nichts als Hasendreck! Den Biber zerriß es fast vor Wut. Voller Zorn schleuderte er den grünen Korb ins Meer. Dort tanzte er auf den Wellen. Tagelang. Wochenlang. Irgendwann trug ihn eine Welle wieder an den Strand. Dort fand ihn ein Strandläufer, der nach Sachen suchte. Der nahm den grünen Korb mit nach Hause und pflanzte Blumen hinein.

„Der Sachensucher, das war der alte Tobias, nicht wahr?" fragte Molly. „Vermutlich", antwortete Jeff. „Denn wir haben in der Mühle einen grünen Korb, auf den die Beschreibung des Hasen haargenau paßt! Gleich sind wir zu Hause. Da vorne ist schon die Mühle. Dort werd ich ihn dir zeigen!"

„Mir tun die Beine weh", sagte Molly. „Wir sind ganz schön weit gelaufen, nicht wahr?"

„Wenn man erzählt, merkt man gar nicht, wie schnell die Zeit vergeht", sagte Jeff und gähnte. „Offen gestanden bin ich auch müde. Bin eben nicht mehr der Jüngste!"

„Du bist gelaufen wie ein Weltmeister!"

„Nun, bekanntlich hab ich auch längere Beine!" lächelte Jeff und sonnte sich in Mollys Lob.

62

„Das ist der Korb!" rief Molly, als er auf dem alten Kleiderschrank in der Ecke einen geflochtenen, grüngestrichenen Korb
entdeckte.

„Genau", antwortete Jeff. „Dort auf dem Kleiderschrank." Jeff
sah den Kleiderschrank nachdenklich an und meinte dann:
„Du magst es glauben oder nicht, aber ich kenne auch eine
Geschichte, in der der alte Kleiderschrank vorkommt!"

„Erzähl!" drängelte Molly.

„Erst machen wir das Abendessen!" schlug Jeff vor. „Und dann
erzähl ich dir die Geschichte mit dem alten Kleiderschrank."

63

Die Kleiderschrankgeschichte

Es war einmal ein Kleiderschrank, der hatte seine Jugendjahre in einer vornehmen Dachwohnung verbracht. Aber dann war er alt, und keiner wollte ihn mehr haben. Seine Beine wackelten vor Altersschwäche. So wanderte er auf den Dachboden. Dort zogen nach einer Weile, neben anderen alten Klamotten, ein vornehmer Herrenanzug, ein Sommerkleid und ein purpurroter Bademantel ein. Eines Tages kam eine Motte angeflogen. Sie zwängte sich durch den Spalt der Schranktür und begann, den Bademantel anzuknabbern.

„He! So eine Unverschämtheit!" rief der Bademantel. „Du kannst doch nicht einfach in meinen Ärmel beißen!"

„Und ob ich das kann!" prahlte die Motte. „Von diesem lächerlichen Anzug werde ich auch eine Kostprobe nehmen. Zum Nachtisch vernasche ich noch das altmodische Sommerkleid. Falls noch etwas übrig bleibt, lege ich meine Eier im Schrank ab, und wenn meine Kinder ausschlüpfen, dann verspeisen wir den Rest!"

Der Bademantel, der Anzug und das Sommerkleid beschimpften die Motte so laut sie konnten. Aber die Motte lachte nur und sagte: „Ihr seid doch sowieso zu nichts mehr nütze!"

Dann war sie satt und flog davon.

Diese Bemerkung schmerzte die drei Kleidungsstücke mehr als die drei kleinen Löcher, die die Motte in sie hineingebissen hatte. Deshalb beschlossen sie, in die Stadt zu reisen und zu

sehen, ob sie wirklich niemand
brauchen konnte. Als es dunkel war,
verließen sie den Schrank.
Sie kletterten durch das Dachfenster
und rutschten an der Regenrinne auf die
Straße hinunter. An einer Omnibushaltestelle
warteten sie, bis es hell wurde.
Dann fuhren sie in die Stadt.
Der Anzug suchte sich in der Herrenabteilung
eines Kaufhauses einen Platz auf einem
leeren Kleiderbügel. Aber es wollte ihn
keiner kaufen. Als ihn der Verkäufer
entdeckte, rief er empört: „Wer hat uns
denn diesen Ladenhüter untergeschoben?
Der gehört in die Altkleidersammlung!"
Das Sommerkleid versuchte auf dem
Flohmarkt sein Glück. Zwei junge Mädchen
blieben stehen und riefen: „Oh, sieh mal
dieses süße altmodische Kleid!" Sie bekamen
es ganz billig. Zu einem Preis, der das Kleid
sehr kränkte. Aber es kam noch schlimmer.
Die Mutter der Mädchen faßte das Kleid
mit spitzen Fingern an und rief entsetzt:
„Was wollt ihr denn mit diesem Plunder?
Damit bringt ihr bloß Ungeziefer ins Haus!"
Der Bademantel war glücklicher dran.
Er wanderte ins Freibad, wo er oft die Sommer-
tage verbracht hatte. Listig versteckte er die
Kleider eines Badegastes, der gerade im See
schwamm, und legte sich abwartend auf die Wiese.

Als der Mann aus dem Wasser kam, rief er erschrocken: „Man hat mir meine Kleider gestohlen! Soll ich jetzt nackt durch die Stadt radeln?" Da entdeckte er den Bademantel. Hatte der Dieb den etwa gegen seine Kleider eingetauscht? Weil er fror, zog er den Bademantel an, der offenbar keinem der anderen Badegäste gehörte. Dann stieg er auf sein Fahrrad und fuhr nach Hause. Dort hing ein nagelneuer Bademantel im Badezimmer. Der rief beim Anblick seines altmodischen Verwandten: „Was willst du denn hier? Pfui Teufel, du stinkst ja nach Mottenkugeln, und in deinem Ärmel ist ein Loch!"

„Dafür war ich da, als er gefroren hat und mich brauchte!" sagte der alte Bademantel trotzig. Aber der undankbare Mann warf den Bademantel in die Altkleidersammlung. Dort traf der Bademantel den Anzug und das Sommerkleid. Sie sahen sehr betrübt und zerknittert aus.

„Die Motte hatte recht! Wir sind alt und zu nichts mehr nütze!" seufzte das Sommerkleid.

„So ist es", murmelte der alte Anzug.

Noch ehe der Bademantel widersprechen konnte, kamen Kinder in die Kleiderkammer gestürmt. Sie suchten nach Kostümen für eine Theateraufführung. „Das ist genau der richtige Anzug für unseren Direktor!" rief einer. „Und das ist mein Rüschenkleid! Genau, wie ich es mir vorgestellt habe!" rief ein blondes Mädchen, das die Prinzessin spielen sollte. „Ich werde es waschen und bügeln und einen goldenen Gürtel dazu tragen!"

„Seht euch den dunkelroten Bademantel an! Den nehmen wir für unseren König!" rief ein Junge begeistert.

Als der Bademantel, das Sommerkleid und der Anzug das erste Mal frischgewaschen und gebügelt im Scheinwerferlicht standen, waren sie richtig stolz.

„Seht, jetzt sind wir doch noch zu etwas nütze!" sagte der Bademantel, der jetzt ein Königsmantel war.

Eine Motte schwirrte im Rampenlicht und flüsterte überrascht: „Die kenn ich doch!" Aber dann kam sie leider, leider den Scheinwerfern zu nahe. So konnte sie die großartige Vorstellung der drei Kleiderschrankbewohner gar nicht mehr miterleben.

„Geschieht der Motte recht", fand Molly. „Warum war sie so gemein zu den alten Kleidern? Jeder wird mal alt. Aber schließlich wurden die alten Sachen doch noch gebraucht. Das fand ich wirklich gut. Sag mal, Jeff, wie machst du es nur, daß du dir all diese Geschichten merken kannst?"

„Soll ich dir ein Geheimnis verraten?" sagte Jeff.

„Oh, bitte ja!" rief Molly, der nichts lieber mochte als Geheimnisse.

„Die meisten Geschichten merke ich mir gar nicht. Die denke ich mir aus. Es fällt mir richtig schwer, eine lange Geschichte im Kopf zu behalten. Das kommt sicher daher, daß ich viel älter bin als du! Na ja, immerhin bin ich noch nicht so alt und vergeßlich wie der Löwe."

„Wie welcher Löwe?"

„Wie der Löwe in der Geschichte, die ich dir gleich erzählen werde", sagte Jeff. „Aber erst müssen wir noch die Betten aufschütteln."

Sie richteten die Betten für die Nacht her. Jeder legte sich in seine Schlafkiste. Und dann erzählte Jeff die Geschichte vom vergeßlichen Löwen.

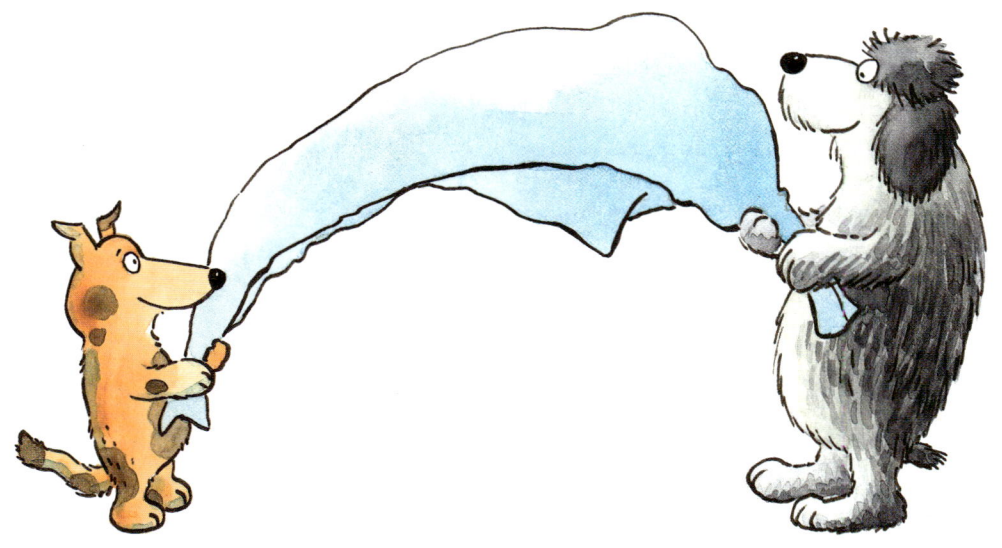

Der vergeßliche Löwe

Es war einmal ein Löwe, der war sehr alt und ein bißchen vergeßlich geworden. Er vergaß seine Brille und seinen Regenschirm. Er wußte nicht, ob Dienstag oder Mittwoch war. Er fand den Weg nicht, den man ihm genau beschrieben hatte. Manchmal fielen ihm die Namen der Leute nicht ein, die er traf. „Guten Tag, Herr... äh, Giraffe!" sagte er dann schnell, nachdem er sich erinnerte, daß nur einer einen so langen Hals hatte. Oder er sagte zum Zebra Fräulein Nilpferd.
Dann wurde es mit seiner Vergeßlichkeit immer schlimmer.
Er vergaß, daß er um vier mit dem Panzernashorn am Wasserloch verabredet war und daß er am Abend mit den kleinen Löwen am Fluß schwimmen wollte. Er vergaß, wenn einer Geburtstag hatte, und erzählte alle Geschichten mehrmals, als seien sie ganz neu.
Die anderen Löwen lachten den alten Löwen wegen seiner Vergeßlichkeit aus. Darüber war der alte Löwe sehr traurig. Aber so sehr er sich auch anstrengte, er konnte sich einfach nichts mehr merken. Eines Tages vergaß er sogar, daß er ein Löwe war. Er kletterte auf eine Palme.

„Was machst du da oben?" riefen die Löwenkinder.

„Ich baue ein Nest", antwortete der Löwe.

„Wenn du ein Nest baust, dann bist du ein Vogel. Und wenn du ein Vogel bist, dann kannst du fliegen!" spotteten die Löwenkinder. Da breitete der alte Löwe die Flügel aus und flog davon. Er flog und flog. Bis hinauf zu den Sternen.

Die jungen Löwen, die den alten Löwen verspottet haben, gibt es längst nicht mehr. Aber das Sternbild des Löwen kann man in klaren Nächten immer noch am Himmel sehen.

Jeff schwieg und sah zu Molly hin, der mit ernstem Gesicht zugehört hatte.

„Die Geschichte war sehr schön. Aber auch ein bißchen traurig. Es ist sicher schlimm, wenn man ein schlechtes Gedächtnis hat", sagte der kleine Hund nachdenklich.

„Es kann auch schlimm sein, wenn man ein zu gutes Gedächtnis hat und nichts vergessen kann. Da weiß ich auch eine Geschichte", sagte Jeff. „Willst du sie hören?"

„Ist es eine traurige Geschichte?" wollte Molly wissen.

„Nein, eher eine komische Geschichte. Sie hängt mit der Kokosnuß zusammen, die dort im Regal liegt!" antwortete Jeff.

„Ich bin gespannt", sagte Molly und spitzte die Ohren.

Da erzählte Jeff die Geschichte vom Elefanten und der Kopfnuß.

Der Elefant und die Kopfnuß

Es war einmal ein Elefant, der hieß Drops. Er hatte nicht nur besonders große Ohren, sondern auch ein besonders gutes Gedächtnis. Außerdem war er obendrein so schlau, daß die Tiere von weit her kamen, um seinen Rat zu hören.

Nun sind Elefanten ja für ihr gutes Gedächtnis bekannt. Aber dieser Drops war wirklich ein Genie und konnte sich einfach alles merken. Er war das reinste Auskunftsbüro:

Er erinnerte sich an die Bananenpreise von 1988, als sei es gestern gewesen.

Er wußte, welches Wetter an seinem Geburtstag vor sieben Jahren gewesen war.

Er wußte, wann die Papageienkinder Keuchhusten gehabt hatten. Er wußte, wer mit wem an welchem Tag einen Streit ausgefochten hatte.

Er wußte, wann sich Frau Taube in Herrn Täuberich verliebt hatte.

Er konnte sich auch noch genau daran erinnern, was der Löwe zum Nashorn beim Kaffeetrinken an der Büffelbucht über das Krokodil gesagt hatte.

Er erinnerte sich natürlich auch an alles Böse, was irgendwann einer gesagt hatte.

Er erinnerte sich an alle Kränkungen oder Beleidigungen, die ihm jemals zugefügt worden waren.

Er sprach mit Peter Pelikan nicht mehr, weil er ihm eine Lüge nicht verzeihen konnte.

Er sprach mit Tim Tiger nicht mehr, weil der vor dreizehn Jahren schlecht über ihn geredet hatte.

Er sprach mit Alf, dem Affen, nicht mehr, weil der ihn vor neunzehn Wochen vor seinen Jungen nachgeäfft hatte.

Er strafte Leo, den Leoparden, mit Verachtung, weil der ihm an einem Sonntag vor drei Jahren den Vogel gezeigt hatte. Und Frau Feuersalamander übersah er, weil sie ihm vor fünf Wochen hinter dem Feigenbaum die Zunge herausgestreckt hatte.

Der arme, kluge Elefant hatte zuviel Verstand. Er konnte einfach nichts vergessen.

Das fanden die anderen schließlich gar nicht mehr lustig.

„Mit dem spielen wir nicht mehr Skat!" beschlossen Tim Tiger und Peter Pelikan. „Der ist so nachtragend! Und außerdem merkt er sich jede einzelne Karte bis zum Schluß. Deshalb gewinnt er immer!"

Weil es keinen Spaß macht, mit einem zu spielen, der immer beleidigt ist und auch noch gewinnt, spielten der Pelikan und der Tiger mit anderen Tieren, die weniger schlau waren und auch ab und zu mal verloren.

Und weil es keinen Spaß macht, mit einem zu reden, der immer alles besser weiß, redete kaum mehr jemand mit dem Elefanten. Der siebengescheite Elefant, der nichts vergaß und nichts vergessen konnte, hatte schließlich keinen einzigen Freund mehr.

Der arme Kerl, der alles wußte, wußte schließlich nicht mehr, was er machen sollte. Ganz unglücklich war er. Er legte sich unter eine Palme am Fluß und heulte.

„Warum weinst du?" erkundigte sich die Klapperschlange. „Kann ich dir helfen?"

„Mir kann keiner helfen. Es gibt schließlich keinen, der mehr im Kopf hat als ich!" seufzte der Elefant.

„Zu gescheit ist auch nicht gescheit!" klapperte die Schlange.

„Das ist genau mein Problem!" klagte der Elefant. „Wenn ich doch nur ein ganz klein bißchen weniger Verstand hätte und ein etwas schlechteres Gedächtnis!" Der Elefant war sogar so schlau, daß er genau erkannte, warum er unglücklich war. Aber das machte ihn auch nicht glücklicher.

„Vielleicht kann ich dir helfen. Wir Schlangen haben schon ganz tolle Dinge gedreht", kicherte die Klapperschlange. „Erinnerst du dich an die Geschichte mit Adam und Eva im Paradies?"

Natürlich erinnerte sich Drops daran. Er war jetzt neugierig geworden und sah zu der Schlange hin. Seltsam. Es war ihm noch gar nicht aufgefallen, daß sie so kluge Bemerkungen machte. Tja, man soll die Kleineren nicht unterschätzen, beschloß der kluge Elefant und brummte: „Da hat eine Schlange wirklich allerhand angestellt. Aber wahrscheinlich ist es einfacher, einen Menschen um den Verstand zu bringen als einen Elefanten."

„Es gibt ein ganz einfaches Mittel, dein Problem zu lösen: eine Kopfnuß", behauptete die Schlange.

„Und wo kann ich so eine Kopfnuß bekommen?" erkundigte sich Drops.

„Kopfnüsse bekommt man nicht. Die werden einem verpaßt", zischte die Schlange und lächelte listig. „Bleib still liegen, schließe die Augen und laß mich nur machen!"

Gehorsam schloß Drops die Augen. Er kringelte seinen Rüssel

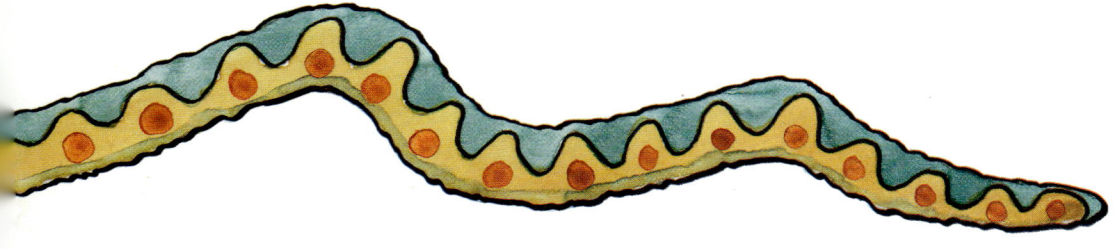

um die mächtigen Vorderbeine
und wartete.
Die Schlange ringelte sich inzwischen
an dem Stamm der Palme hoch.
Dann lockerte sie drei Kokosnüsse.
Die fielen plom, plom, plom
dem Elefanten auf den Kopf.
Er erschrak und erhob sich.
Ein bißchen benommen
kam er wieder auf die Beine.
„Na, hat es geholfen?" sagte die
Schlange. „Geht es besser?"
„Was soll besser gehen?"
fragte Drops und blinzelte.
„Erinnerst du dich nicht,
worüber wir vorhin gesprochen
haben?" erkundigte sich
die Schlange gespannt.
„Ja, das heißt nein. Über das
Wetter vielleicht? Oder sprachen
wir über Bananenpreise?"
Die Klapperschlange klapperte
zufrieden und sagte: „Jaja,
schönes Wetter heute! Ich wünsche
noch einen angenehmen Tag!"
Von da an war Drops genauso
vergeßlich wie andere Elefanten
in seinem Alter. Er war nicht
mehr siebengescheit und wußte
auch nicht dauernd alles besser.

Plötzlich hatte er wieder Freunde. Und der Tiger und der Pelikan spielten gern mit ihm Skat. Sie hatten viel Spaß dabei, weil der Elefant nicht dauernd gewann.

„Hat dir die Geschichte gefallen?" erkundigte sich Jeff. Aber von Mollys Schlafkiste kam keine Antwort. Er hörte nur regelmäßige Atemzüge.

„Na sowas! Eingeschlafen! Mitten in meiner spannenden Geschichte. Das ist doch allerhand. Das werd ich mir merken!" brummte Jeff. Er rollte sich zusammen und schlief ebenfalls ein.

Am nächsten Morgen, als Jeff aufwachte, hatte Molly schon das Frühstück gemacht.

„Was machen wir heute?" fragte Molly neugierig.

„Gestern haben wir Ferien gemacht. Da werden wir heute arbeiten", schlug Jeff vor. „Ich dachte, wir räumen die Mühle auf!" Gleich nach dem Frühstück begannen sie mit dem Hausputz. Molly fand das aufregend, weil er immer neue Gegenstände entdeckte, die ihn neugierig auf Geschichten machten. Ein Hufeisen, eine alte Säge, ein staubiges Buch, eine Puppe und vieles andere mehr. Und tatsächlich wußte Jeff fast zu allem, was Molly fand, etwas zu erzählen.

Mittags gab es ein großes Spaghettiessen!

„Mhm, kannst du gut kochen! Spaghetti hab ich zum Fressen gern!" sagte Molly und kringelte die langen Nudeln um die Gabel.

„Danke für das Lob!" sagte Jeff geschmeichelt. „Aber paß auf, daß du nicht zum Nudelmonster wirst!"

„Nudelmonster? Hab ich noch nie gehört. Was ist das für ein komisches Monster?"

„Ein Monster, das Nudelabenteuer erlebt hat", sagte Jeff.

„Nudelabenteuer? Das klingt gut. Erzähl! Du weißt doch, daß ich mich jetzt vor Monstern nicht mehr fürchte", rief Molly begeistert. „Nicht einmal vor großen, graugrünen Steinbeißermonstern."

„Später! Beim Abwaschen erzähl ich. Mit vollem Mund soll man nicht reden", mümmelte Jeff.

Jeff hielt Wort. Beim Abwaschen erzählte er die Geschichte von Frederik, dem Nudelmonster.

Frederik, das Nudelmonster

Es war einmal ein Mann, der hieß Frederik Körner. Er reiste herum und verkaufte Computer. Tagsüber sah er wie ein ganz normaler Mensch aus. Er war ordentlich angezogen, sauber gewaschen und ging von Geschäft zu Geschäft, um Bestellungen für seine Computer zu bekommen. Wenn es allerdings dunkel wurde und die anderen Leute vor den Fernsehern saßen, Monopoly spielten oder ins Bett gingen, überfiel Frederik eine unheimliche Leidenschaft: die Nudellust. Dann schlich er sich aus dem Schlafzimmer, ging in die Küche und kochte einen riesengroßen Topf voll Spaghetti, Tortellini, Makkaroni oder was er sonst noch Nudeliges finden konnte. Gierig verschlang er alles bis auf das letzte Fitzelchen.

„Was ißt du denn da?" erkundigte sich seine Frau entsetzt, als sie ihn einmal um Mitternacht in der Küche erwischte.

„Nu-nu-nur Nu-nu-nu-deln!" stotterte Frederik erschrocken.

„Ein Mann, der nachts heimlich Nudeln futtert, ist nicht gesund!" behauptete Frederiks Frau und schickte ihn zum Arzt. Der Arzt untersuchte Frederik. Er fand, daß er eigentlich ganz gesund war. Bis auf diese rätselhafte Nudelgier.

„Das kommt vermutlich daher, weil Sie als Kind nie genug Nudeln bekommen haben, stimmt's?"

„Stimmt!" nickte Frederik betroffen. „Ich mußte immer Salat, Spinat, Broccoli, geschrotete Körner, Möhrengeraspeltes und Kohlrabigemüse essen. Nudeln hielt meine Mutter für ungesund. Die bekam ich nie! Meine Freunde erzählten mir von ihren Spaghetti-Schlachten und schlürften mittags ihre Tomatensoße durch Makkaroniröhrchen…"

„Hmh", meinte der Arzt nachdenklich. „Typischer Fall von Nudelmangel, wie ich vermutet habe! Ich verschreibe Ihnen dreimal wöchentlich ein Nudelgericht. Dann wird der Nudel-drang hoffentlich bald verschwinden."

Frederiks Frau kochte jetzt dreimal in der Woche Nudeln. An den anderen Tagen gab es gesunde Kost: Salat, Spinat, Broccoli, Möhrengeraspeltes und Kohlrabigemüse.

Frederik schämte sich, daß er immer noch nudelgierig war. Eines Abends hielt er es nicht mehr aus. Er stieg heimlich aus dem Bett, schlüpfte in seine Kleider und schlich aus dem Haus. Er ging durch die Stadt und suchte nach Nudeln. Er fand sie in

80

Läden, Restaurants und Speisekammern. Er aß davon, soviel er kriegen konnte.

Am anderen Morgen wunderten sich die Köche, Ladenbesitzer und Hausfrauen, wo die Nudeln geblieben waren. Das ging eine ganze Weile gut, bis in der ganzen Stadt Nudelknappheit herrschte.

„Ein Nudelmonster geht um"

stand in der Zeitung. Das rätselhafte Verschwinden großer Nudelmengen konnte man sich nicht anders erklären. Die Nudelpreise stiegen ins Unermeßliche. Schließlich gab es sogar für gutes Geld keine Nudeln mehr.

Da ging Frederik auf Reisen. Er stieg in den Hotels immer unter anderem Namen ab und nannte sich Frederik Tortellini, Fritz Spätzle, Freddi Makkaroni oder Frederico Canelloni. Er war so auf Nudeln versessen, daß er auch einen Nudelnamen haben wollte...

Allmählich veränderte sich Frederik. Er bekam Makkaroni-Beine, Spaghetti-Haare und eine Nase, die aussah wie ein Klumpen Spätzle-Teig.

So ging es eine ganze Weile. Bis Frederik eines Abends bei einem Glas Bier in der Hafenkneipe zum „Tollen Tortelloni" die Bekanntschaft von Nepomuk Pomodoro machte. Der aß eine Currywurst mit einem ganzen Teller Ketchup. Staunend sah Frederik zu, wie sein Gegenüber noch eine Flasche Ketchup bestellte und dann noch eine.

„Die letzte Flasche!" sagte der Wirt schließlich. „Ich weiß auch nicht, was los ist, aber es gibt kaum noch Ketchup in der Stadt." Nepomuk gestand Frederik verlegen, daß er nicht ganz unschuldig an der Ketchup-Knappheit war.

„Wissen Sie, ich mußte als Kind immer feine Soßen essen, weil meine Mutter eine tolle Köchin war. Ketchup fand sie gräßlich. Jetzt esse ich Ketchup, wo ich es bekommen kann. Manchmal eimerweise!"

„Ich glaube, dann passen wir gut zusammen!" sagte Frederik und rieb sich vergnügt die Spätzle-Nase. Er erzählte Nepomuk *seine* Geschichte. Der bekam beim Zuhören vor Aufregung einen tomatenroten Kopf. Dann zahlten sie und gingen. „Ich weiß, was wir machen", sagte Nepomuk Pomodoro und lächelte verschmitzt. Er hakte Frederik unter und steuerte mit ihm das Hafengelände an. Dort lag ein großes Frachtschiff. Es hieß „Pasta Asciutta" und fuhr nach Italien.

„Wetten, daß wir dort eine tolle Zeit verbringen werden?" sagte Nepomuk und blinzelte Frederik vergnügt zu, als sie die Schiffstreppe hinaufkletterten.

„Hab ich schon eine Nudelnase?" erkundigte sich Molly und reckte den Hals.

„Nein, aber ein Spaghettifell mit roten Tupfen!" sagte Jeff. „Du hast dich ganz schön bekleckert, als du gerade den Topf gespült hast."

„Das kommt daher, weil ich nur auf deine Geschichte aufgepaßt hab" sagte Molly. „Ich fand die Namen so lustig. Vor allem den Schiffsnamen."

„Weißt du denn, was er bedeutet?" wunderte sich Jeff.

„Na klar: Nudeln mit Tomatensoße!" rief Molly. „Mein Lieblingsessen!"

Nach dem Abwaschen stand Jeff auf und holte seine Gummistiefel. „Heute sollten wir ein bißchen im Garten arbeiten. Ich muß unbedingt die Blumenzwiebeln einsetzen. Sie müssen in die Erde, ehe der Frost kommt. Sonst kann man schließlich keine Löcher mehr graben. Und falls der alte Tobias zurückkommt, freut er sich bestimmt. Willst du mir helfen?"

„Gern", antwortete Molly. „Ich hab aber noch nie im Garten gearbeitet. Bestimmt mach ich alles falsch."

„Keine Angst. Jeder fängt mal an", antwortete Jeff und gab Molly eine Schaufel, einen Spaten und eine Gießkanne.

Es war ein sonniger Septembertag.

„Mir ist ganz schön heiß geworden!" stöhnte Molly nach einer Weile und legte den Spaten ins Gras.

„Ich wollte sowieso gerade eine Pause machen!" sagte Jeff. Er trank einen Becher frisches Wasser und setzte sich neben Molly auf die Gartenbank.

„Zeit für eine Geschichte?" erkundigte sich Molly.

„Für eine Gartengeschichte?" fragte Jeff.

„Ich hab noch nie eine Gartengeschichte gehört und bin gespannt", sagte Molly.

Da erzählte Jeff die Geschichte vom Buddelhund.

Der Buddelhund

Es war einmal ein Buddelhund, der hatte ein Haus und einen Garten draußen vor der Stadt. Er arbeitete gern im Garten, und es verging kein Tag, an dem er nicht etwas gepflanzt, gegraben, geerntet oder gegossen hätte. Das Buddeln war seine Leidenschaft. Das verriet ja schon sein Spitzname!

An einem Tag im Herbst buddelte er fünfhundert Löcher, tat fünfhundert Eßlöffel vom allerneusten Kraftdünger mit Hornspänen hinein und setzte dann fünfhundert braune Narzissenzwiebel in diese Löcher. Er streute ein geheimnisvolles weißes Pulver darüber, das ihm seine Tante Zerealda aus Holland mitgebracht hatte. Als er fertig war, deckte er das Beet mit Zweigen zu. Er freute sich den ganzen Winter darauf, daß im Frühjahr seine fünfhundert Narzissen im Garten erblühen würden wie ein goldener Teppich.

Der Buddelhund war sehr
ehrgeizig, besonders
was Gartensachen anging.
Deshalb hatte er sich im
vergangenen Jahr sehr geärgert,
daß die Narzissen seines
Nachbarn viel größer und
kräftiger gediehen waren als seine
eigenen. Das sollte im nächsten
Frühjahr anders werden!
Schon im Januar brachen die
ersten goldenen Spitzen durch
den Schnee. Ende Februar,
als die Sonne den letzten Schnee
wegleckte, drängten sich kräftige
Triebe aus der braunen Erde.
Der Buddelhund goß und düngte.
Die Narzissenspitzen wuchsen
und wuchsen. Anfang März
reichten sie ihm schon bis ans
Knie. Mitte März wuchsen ihm
die Stengel bereits über den Kopf,
und wenn er die Gießkanne
aus dem Gartenhaus holen wollte,
mußte er durch einen richtigen
Narzissenstengelwald gehen.
Mit dem Fernglas beobachtete
er von seinem Gartenstuhl aus,
wie über ihm die ersten prallen
gelben Knospen aufplatzten.

Es war ein Geräusch, wie wenn man einen Knallbonbon öffnet. Als die fünfhundert Narzissen alle aufgeblüht waren, überspannten ihre Blütenblätter den kleinen Garten des Buddelhundes mit einem gelben Dach. Sie ließen keinen einzigen Sonnenstrahl mehr durch und keinen Tropfen Regen. Der Buddelhund konnte vom Garten aus den Himmel nicht mehr sehen und die Blüten auch nicht. Er mußte dazu auf das Hausdach klettern.

Die Leute kamen mit Omnibussen angereist, um die Narzissenpracht zu bewundern. Ein Biologiestudent der Universität baute sein Zelt im Garten auf und schrieb seine Doktorarbeit über die Narzissen. Die Supernarzissen blühten viel länger als die Narzissen in den Nachbargärten. Als im Spätsommer die Blätter herunterfielen, bedeckten sie den Garten wie ein dicker Teppich. Das sah hübsch aus, aber es war sehr unpraktisch, weil alle anderen Pflanzen darunter erstickten.

Ein wenig neidisch sah der Buddelhund auf die Nachbargärten, in denen auf Wiesen und Beeten die bunten Herbstblumen blühten.

Als der Winter kam, gab es viel Arbeit für den Buddelhund. Die kräftigen Narzissenstengel waren verholzt und so stark wie kleine Baumstämme. Er mußte sie mit Beil und Säge fällen. Viele Wochen war er damit beschäftigt, aus den Stämmen Kaminholz zu machen und es neben seinem Haus aufzuschichten. Er hatte überhaupt keine Zeit mehr zum Buddeln.

Der Winter kam. Es wurde sehr kalt. Der Buddelhund saß vor seinem Narzissenholzfeuer und wärmte sich. Er träumte davon, wie sein Garten im nächsten Jahr aussehen sollte. Er wollte eine Wiese haben, auf der Gänseblümchen, Klee, Löwenzahn, Sauerampfer und Glockenblumen wuchsen. Eine ganz normale

Wiese, über die Bienen, Vögel und Schmetterlinge flogen und die sich sanft und weich unter den Pfoten anfühlte, wenn man darin buddelte.

„Eine schöne Geschichte!" sagte Molly und sprang auf. „Jetzt bin ich wieder ganz ausgeruht. Darf ich ein paar Narzissenzwiebeln einpflanzen?"
„Wenn du nicht Zerealdas Zauberpulver darüberstreust!" lachte Jeff.
Molly grub mit seiner kleinen Schaufel ein Loch und legte eine Narzissenzwiebel hinein.
„Halt! Du mußt die Zwiebel herumdrehen, sonst wächst sie ja nach unten", warnte Jeff seinen eifrigen Freund.
„Oh je, tut mir leid. Das hab ich nicht gewußt", sagte Molly bekümmert.
„Macht doch nichts. Nur wer faul ist und gar nicht arbeitet, macht keine Fehler", tröstete ihn Jeff.

Die Reise zur Pirateninsel

„Was wohl passiert wäre, wenn ich die Zwiebeln wirklich alle falsch herum in den Boden gelegt und Zerealdas Zauberpulver daraufgestreut hätte?" überlegte Molly, als sie beim Abendessen im Kahn saßen. „Da wären sie gewachsen und gewachsen. Durch die ganze Erde durch. Und dann wären sie auf der anderen Seite der Erdkugel wieder herausgekommen. Herrjeh: In Neuseeland vielleicht!"

„Da im Frühjahr auf der anderen Erdhälfte Herbst ist, hätten die Narzissen sicher gemerkt, daß das die falsche Jahreszeit ist, und wären schnell wieder zurückgewachsen", beruhigte ihn Jeff. Er stand auf und holte eine dunkle Flasche.

„Was ist denn da drin?" erkundigte sich Molly neugierig.

„Heidelbeersaft", sagte Jeff. Er goß jedem ein Gläschen ein.

„Mhm, schmeckt lecker!" sagte Molly. Er trank das Gläschen leer. Auf einmal begann der Kahn zu schwanken.

„Der Kahn wackelt!" rief Molly.

„Ich hab ihn losgemacht!" sagte Jeff und setzte eine blaue Schirmmütze auf. „Wir gehen jetzt auf Reisen. Ich bin der Käpt'n, du bist der Steuermann. Halt das Ruder fest und die Bordlaterne auch! Es kommt Sturm auf!"

Jeff stand auf und setzte sich wieder. Der Kahn schwankte bedenklich.

„Wir fahren jetzt den Fluß hinunter bis zum großen Meer", sagte Jeff. „Was siehst du im Fernglas?" Molly drückte das alte

Fernglas vor die Augen und richtete es auf die finstere Ecke rechts vom Kleiderschrank. „Ich kann Bäume und Häuser am Ufer sehen."

„Sonst nichts, Steuermann? Ich meine, nichts Gefährliches?" Molly sah nochmal durch das Fernglas.

„Jetzt kann ich Palmen erkennen und wilde Löwen, die in der Sonne herumspazieren. Und im Wasser liegen hundert gefräßige Krokodile!"

„Oh je! Ich kriege richtig Angst!" rief Jeff und tat erschrocken.

„Jetzt sehe ich ein großes Schiff. Es fährt direkt auf uns zu!" berichtete Molly.

„Halt das Ruder mehr backbord, Steuermann!" rief Käpt'n Jeff.

„Hurra, wir haben es geschafft. Wir sind haarscharf an ihm vorbeigekurvt", sagte Molly erleichtert. „Jetzt wird der Fluß immer breiter!"

„Bald werden wir am großen Meer sein!" bemerkte Jeff. „Da kann es ganz schön hohe Wellen geben. Hoffentlich werden wir nicht seekrank."

90

„Jetzt sehe ich ein Riesenschiff!" sagte Molly. „Es ist so groß, daß es nicht ganz ins Fernglas paßt."

„Das ist ein Ozeanriese", vermutete Jeff. „Komm, wir rudern etwas schneller, damit wir ihn überholen!"

„Sind Ozeanriesen gefährlich?" fragte Molly.

„Wir werden mit ihnen fertig", antwortete Jeff.

„Ist es noch weit nach Neuseeland?" erkundigte sich Molly nach einer Weile.

„Das ist noch ein ganzes Stück", sagte Jeff. „Erst müssen wir um Europa und Afrika herumsegeln und dann Indien links liegen lassen. Paß auf, daß du den richtigen Kurs steuerst."

„Aye, aye Käpt'n", sagte Molly und trank noch ein Schlückchen Heidelbeersaft, weil seine Seemannskehle von der Salzluft des Ozeans so trocken war.

„Land in Sicht!" brüllte Molly schließlich.

„Was siehst du?"

„Dschungel und einen verfallenen Turm am Ufer. Einen morschen Landungssteg und ein Schiff mit zerfetzten Segeln. Wetten, daß das eine Pirateninsel ist?"

„Wir fürchten uns nicht vor Piraten!" rief Jeff. „Wollen wir anlegen?"

„Na klar!" sagte Molly. „Wenn wir ein Piratenabenteuer erleben wollen, müssen wir anlegen!" Mutig warf er die Leine aus und machte das Boot an dem Mühlstein fest, der am Ufer lag.

„Da vorne sitzen sie! Vor dem Felsen am Lagerfeuer!" sagte Molly nach einem erneuten Blick durch das Glas. „Fünf Piraten. Sie sehen groß und gefährlich aus."

„Du mußt das Glas anders herumdrehen!" riet Jeff. „Dann werden sie kleiner!"

Als die Piraten ganz klein waren, schlichen Jeff und Molly an Land.

„Ich habe eine Flasche Piraten-Rum dabei!" flüsterte Jeff. „Für alle Fälle!"

„Hände hoch!" rief plötzlich eine tiefe Stimme im Gebüsch hinter ihnen.

Jeff und Molly nahmen die Hände hoch und drehten sich langsam um. Ein bärtiges Gesicht mit funkelnden Augen tauchte vor ihnen auf.

„Los, vorwärts!" befahl die Stimme, die wie Ali Babas Stimme klang. Eine riesige Piratenpistole bohrte sich zwischen ihre Rippen.

„Sie werden uns fesseln und knebeln!" befürchtete Jeff. Und so war es dann auch. Seemannspranken griffen nach ihnen – und nach der Buddel mit dem Piraten-Rum!!! Wie gut, daß Jeff an die

Flasche gedacht hatte. Nachdem die Gefangenen gefesselt waren, fielen die gefährlichen Piraten über die gefährliche Rum-Flasche her. Der Oberpirat war als erster betrunken.

„Paß auf! Rum ist gefährlich. Bald sind auch die anderen außer Gefecht", wisperte Jeff. „Wenn sie betrunken sind, werden wir sie fesseln und ihnen die Schatzkiste rauben!"

„Ich hab schon eine Pfote entfesselt. Soll ich dir helfen?" flüsterte Molly.

„Wie gut, daß wir uns mit Seemannsknoten auskennen!" wisperte Jeff. Die Piraten sangen, angefeuert durch den Piraten-Rum, noch ein paar grausame Seeräuberlieder. Dann kehrte schlagartig Ruhe ein. Jeff und Molly streiften die Fesseln ab und standen auf. Sie nahmen die Wäscheleine, mit der sie gefesselt gewesen waren, und fesselten die Piraten damit.

Als die Seeräuber wie aufgerollte Schaffelle neben dem Kahn lagen, sahen sich Jeff und Molly zufrieden an.

„Wir werden dem zuständigen Gouverneur sagen, daß er sie abholen lassen soll!" sagte Jeff großspurig.

Sie packten die Piratenschatzkiste, die wie eine Mehlkiste aussah, und schleppten sie an Bord.

„Mann, war das aufregend!" sagte Molly, als er wieder auf der Ruderbank saß.

„Sag mal, Jeff, du fürchtest dich wohl vor gar nichts?"

„Doch –", gestand Jeff schließlich und deutete auf ein Spinnennetz in der Ecke neben dem Kleiderschrank. „Vor Spinnen!"

„Vor Spinnen?" vergewisserte sich Molly. „Vor so kleinen, harmlosen Tieren?"

„So ist es nun mal!" seufzte Jeff.

„Du bist doch tausendmal stärker als sie!"

„Trotzdem", sagte Jeff und schüttelte sich.

„Spinnen sind doch nützliche und äußerst fleißige Tiere."

„Schon, aber…" begann Jeff.

Molly stieg aus dem Kahn. Er ging auf das Spinnennetz in der Ecke zu. Er nahm die Spinne behutsam in die Pfoten und trug sie nach draußen in den Dschungel vor dem Mühlenhaus.

„Du bist aber mutig!" sagte Jeff.

„Ich weiß", sagte Molly stolz.

Einbandgestaltung: Barbara Moßmann

Alle Rechte vorbehalten – Printed in Germany
© Verlag Herder Freiburg im Breisgau 1994
Herstellung: Freiburger Graphische Betriebe 1994
ISBN 3-451-23600-1